「顧問」という新しい働き方

あなたのキャリアをお金に変える！

How to change your career into money?

Saito Toshikatsu
一般社団法人プロフェッショナル顧問Ⓡ協会
代表理事
齋藤利勝

集英社

あなたのキャリアをお金に変える！

「顧問」という新しい働き方

はじめに

会社に勤めていれば、将来、必ず迎える定年退職。

近年は、定年を待たずに早期退職を選ぶケースも増えてきましたので、50代になったら、いえ、40代も半ばを過ぎると、そろそろ第2の人生のことが気にかかってくるのではないでしょうか。

この本を手に取ってくださった皆さんも、今後の人生を一度は想像したことがあることと思います。

早期退職後や定年後の過ごし方はさまざまです。

完全にリタイアして、海外旅行を楽しもうと考えている人。親の介護がある人。一念発起して趣味の店を開業しようとする人。もちろん転職を考えている人もいることでしょう。

書店に行けば、第２の人生の生き方や働き方の指南書が、どれを読むべきか迷うほどたくさん並んでいます。

けれど、実際には身の振り方を決めあぐねているうちに時間が経ち、あっという間にその時を迎えるというケースが少なくありません。

本書はそんな第２の人生を見据えている皆さんに向けて、これまで培ってきたキャリアを活かす「新しい働き方」をご紹介するものです。

その「新しい働き方」とは、プロフェッショナルとしてさまざまな企業のために尽くす働き方です。

「え？　そんな大それたこと、自分にできるはずがないよ」

「これまで自分の仕事に邁進《まいしん》してきただけ。他人様の会社に尽くすなんて、想像できない」

そんな声が聞こえてきそうです。

でも、**「真面目に会社員生活を送ってきただけ」と思う普通の会社員にこそ、今、大きな可能性が開けています。**

真摯《しんし》に仕事に邁進してきた人なら、今やその道のプロフェッショナルとして、企業に求められる時代なのです。

そのことを知っていただきたくて、私は本書を著しました。

そう、それは「顧問」という働き方です。

顧問と聞いて、皆さんが想像するのはどんな仕事でしょうか。

例えば一流企業の役員クラスだった人物が、リタイア後に別の会社に天下り的に顧問としてやってきて、月に1回くらいのペースで出社する。そして会社で何をするかといえば、まるで社長の茶飲み仲間のように社長室でのんびりと話している……。

皆さんがイメージする顧問は、こんなふうではないでしょうか？

しかし今、こうした従来型の顧問は減り、新しいかたちで企業に関わる顧問が注目されてきています。

顧問を取り巻く環境や、顧問が携わる仕事は大きく変化し、これまでキャリアを積んでこられた50代、60代の方々が活躍できる職業として今、注目され始めているのです。

実は私も、顧問になる前はサラリーマンとして23年ほど働き、その後、会社を辞めて個人事業主となり、縁あって大手ＩＴ企業の顧問に就任。以来、約１４０社の企業に顧問として関わってきました。

いったい、顧問の仕事のどこがそんなに魅力的なのか？

そう思われる方もいるかもしれません。

私は顧問の経験を積んできた結果、**顧問とは個人が実務経験を通して得た知見をあらゆる企業の課題解決に活かせる、とてもやりがいのある仕事である**と実感しています。

企業の悩みを聞き、解決策を考え、社員の皆さんと一緒になって実行する。

一度経験するとわかると思いますが、そこには、顧問という仕事でしか味わえない充実感があります。

しかも、収入に関しても、稼ごうと思えば会社員時代を上回る収入を得られる仕事だと思います。自分の収入のことを言うのはいやらしいかもしれませんが、私の今の年収は、会社員時代の何倍にもなっています。

本書は皆さんに、定年世代に広がりつつある「顧問」という職業をご紹介し、セカンドライフの選択肢の一つとして考えていただこうとするものです。

顧問になる方法や、企業から必要とされる顧問であり続けるためのノウハウを余すところなくご紹介します。

顧問という仕事を通して、皆さんのこれまで培ってきたキャリアを活かし、より充実した人生を送る一助となれば、これほどうれしいことはありません。

あなたのキャリアをお金に変える！「顧問」という新しい働き方　目次

1章

顧問の仕事ファイル 45

2章

顧問派遣会社を利用して顧問として働いてみよう 73

3章

顧問の進化形「プロフェッショナル顧問®」になろう

4章 プロフェッショナル顧問の仕事術 139

5章 信頼されるセルフブランディングの方法 183

序章
あなたのキャリアをお金に変える「新しい働き方」がある

定年世代のキャリアを活かす「顧問」という働き方

東京都に住むAさんは57歳。

新卒で入った大手食品メーカーに長らく勤務し、3年後に定年退職する予定です。

Aさんがぼんやりと定年後の生活を考え始めたのは50代に入った頃。Aさんの会社には、65歳まで働くことのできる再雇用制度がありました。同期の仲間と集まると、会社でいつまで働くか、退職後は何をするかとよく話題にのぼるようになっていました。Aさんが60歳を迎える頃には、子供はすでに独立しています。多少の蓄えもあったAさんは、会社には残らずリタイアしようと思っていました。

リタイアしたらジム通いをして、気になっている料理教室に通ってのんびり生活する。悪くない選択のように思っていました。

ところが定年退職まで3年を切った頃から考えが変わってきました。毎日職場に通う必要のない人生が、物足りなく思えるようになってきたのです。

とはいえ、給料が大幅にダウンする再雇用制度を利用して現在の会社で働き続けるのは、どうも気が進みません。**もっと社会とつながりを持ち、自分を活かせる場所を見つけられないだろうか。**

そんな思いから、新天地で引き続き働きたいという思いが強くなっていきました。

そして、3年後。

定年退職したAさんは現在、2週間に一度、スーツを着て都内にある大手素材メーカーに出勤しています。

向かう先は新規事業開発部。保健機能食品の元となる原材料の開発を行っている部署です。Aさんは部署のメンバーが取り組んでいる原材料の市場調査やマーケティングに対し、助言を行っています。また、時には地方にある研究所へと同行することも。部が進めている原材料開発がスムーズに進むよう、サポートするのが今のAさんの仕事です。

Aさんはかつて勤めていた大手食品メーカーで研究開発部に所属していた時期が長く、健康食品の新商品開発ではプロジェクトリーダーとして活躍していました。会社は違っても、健康食品には知見があり、かつてのノウハウを活かすことができたのです。

そして会社に行かない日は、ジムで汗を流した後、カフェにパソコンを持ち込み機能性評価のための医療機関の選定や、プロジェクトの進捗の報告書を作ることもあります。

Aさんとともに働く素材メーカーの新規事業開発部長は、部署の若手メンバーとも朗らかに接し、自社のために献身的にさまざまな提案をしてくれるAさんをとても評価しています。もともとAさんがこの新規事業開発部に携わる契約期間は6ヶ月だったのですが、部長の進言により契約は更新される見込みです。

皆さんはAさんの働き方をどう思いますか？

Aさんのしている仕事こそ、本書で取り上げる顧問業の一例です。

Aさんは顧問として働き始めてから、家族から「働いているほうが生き生きしているね」と言われるようになったそうです。顧問先企業の事業開発に貢献できていることに喜びを感じ、また若手社員の柔軟な発想に刺激を受けていると言うAさんは、働く楽しさをかみ締めながら、豊かに歳を重ねています。

もちろんここでご紹介した顧問業は、ほんの一例に過ぎません。

ここ数年、顧問が活躍するフィールドは急速に拡大し、業界も案件も多岐にわたっています。

それでは次項から、こうした顧問業についての実態を具体的にご説明していきましょう。

新しい顧問業の時代が到来！

「顔役」として重宝された従来の顧問

「顧問」の役割は今、大きく変わっています。従来の顧問のイメージを持っている人にとっては、セカンドライフは顧問として働こうと呼びかけられても、ピンとこないかもしれません。

従来型の顧問は、メガバンクで元社長が自動的に顧問になることが通例化しているように、栄誉職としての意味合いが強く、大企業で役員を務めた人物が退任して同じ企業の顧問となったり、省庁の高級官僚が天下りで就くケースがメインでした。

あるいは、上場企業の元役員を、取引先の企業が顧問として迎え入れることもありました。そうすることで関係をより強固なものにしたり、当人の持つ人脈を紹介してもらえるといったメリットがあったのです。

迎え入れた企業にとって顧問は「顔役」であり、その企業が必要としているのは、顧問の「働き」よりも彼の前職の会社名や役職、そして人脈です。そこに多大な報酬が支払われる。それが従来の顧問の一般的なイメージでした。

ある意味では楽なポジションとも言えますが、そもそもこのようなタイプの顧問になれるのは官僚や一流企業のほんの一握りの人物です。

プロフェッショナルとして企業に貢献する新しい顧問

一方、ここ数年で広がっている新しい顧問は、単なる「顔役」ではなく、**企業の問題解決にあたるエキスパート**です。

従来型の顧問と区別して、実務顧問とも呼ばれることもあります。

ちなみに海外にもこの実務顧問に近い職業があります。「インディペンデント・コントラクター(Independent Contractor)」という肩書で呼ばれ、一般には「独立した請負人」「独立業務請負人」と訳されます。

彼らはどこの企業にも属さず、これまで培ってきた経験や専門性を活かし、個人として企業と業務単位で契約し、仕事をしています。複数の企業と契約を結んで「かけもち」をする人も少なくありません。

現在、アメリカのインディペンデント・コントラクターは、ホワイトカラーが独立する手段として一般的になっており、さまざまな業界で活躍しています。すでに1000万人近い人がインディペンデント・コントラクターとして収入を得ていると言われています(米国MBO partners・2017年調べ)。

自分のキャリアを武器に、就職でも起業でもない働き方をする。これこそが新しい顧問のイメージです。新しい顧問に求められているのは、高いスキルを持ちビジネスの現場を熟知していることなのです。

顧問とコンサルタント、どう違うの？

より深く、企業の課題解決に携わるのが顧問

ここまで読んできた方は、新しく台頭してきた顧問業を、コンサルタントに近い仕事のように感じているかもしれません。

確かに、顧問とコンサルタントは、どちらも企業の社員ではなく外部の人間である点で共通しています。しかし、**顧問はコンサルタントよりも、より深く直接的に企業の事業に参画します。**

コンサルタントの仕事は、調査と助言が中心です。企業から提示された課題に対して、調査・分析を行い、解決策を提示し、助言を行う。ここまでがコンサルタントの仕事です。

一方、顧問は解決策を提示し、助言を行うところまでは同じですが、課題解決が実現するまで、企業のメンバーと一緒に実務にも携わる。結果に対してより深くコミットする。これがコンサルタントとの大きな違いと言えるでしょう。

つまり、企業の抱える課題に対して「ハンズオン（直接関与すること）」ができるかどうかが、大きく違うのです。

24ページに、顧問やコンサルタント、従来型の顧問の違いをまとめましたので、参考にしてください。

ドラマ「陸王」にも顧問が登場

２０１７年に放送されたテレビドラマ「陸王」（ＴＢＳ系）はご覧になったでしょうか。「陸王」には、舞台となった零細企業の足袋屋「こはぜ屋」に顧問が登場します。顧問役を演じたのは寺尾聰さん。この顧問は、自身がかつて特殊素材を開発した経験を活かし、シューズ開発に取り組みます。自分で機械の修理もするし、技術開発にも懸命です。こはぜ屋の社員以上に汗水を垂らして働いていました。

このドラマで描かれた顧問は、新しい顧問の立ち位置をよく表しています。

企業にとって、コンサルタントはあくまで「外」の人。基本的にコンサルタント先の企業の名刺を持つことはありません。

しかし、顧問は違います。外部の人間ではありますが、顧問先企業の名刺を持ち、課題解決のために知恵を絞り、自ら手を動かすことで貢献するのです。

立場	名刺	契約スタイル	出社頻度	報酬
法人 （または個人事業主）	コンサルタント自身の名刺	契約先企業との（業務委託）契約	契約内容によって異なる	コンサルタントによって異なるが、月額100万円以上かかることも
所属先企業に在籍	所属先企業の名刺	年契約	週1回～月1回程度	企業によって異なるが、総じて高額。年収1000万円以上は普通
個人事業主 （または法人）	契約先企業または個人の名刺	派遣会社との業務委託契約または企業と直接契約	契約先企業によって異なるが、主に月2回程度の活動	契約先により異なるが、顧問派遣会社経由の場合、月に2回程度の活動頻度で、平均月額9万～20万円程度/1社あたり。 顧問先企業と直契約の場合は、月2回程度の活動頻度で、20万～50万円程度/1社あたり

■コンサルタント・従来型顧問・新しい顧問のすみ分け

	概要	業務内容
コンサルタント	企業の問題解決にあたる助っ人。通常、企業と相対で契約する。営業支援、財務、商品開発など、分野ごとにその分野を得意とするコンサルタントが存在する	企業の課題解決に寄与する役割。ただし、サーベイとプランを提示するところまでで、実務を遂行するところまで関与することは少ない
従来型の顧問	企業内で経営上の相談に対応する役割。主に退任した役員が就くケースが多い。関係省庁の官僚や大手都市銀行の役員が天下り的に就く場合も	主に、顧問の存在そのものがその企業の信用を担保する場合と、経営に有益な「人」を紹介する場合とがある
近年台頭してきた新しい顧問	企業ニーズの多様化と業務効率化の波を受け、顧問業が再評価。採用の新オプションとして、顧問派遣を扱う人材派遣会社も増え、市場が拡大	キャリアを通じて培ってきた能力を武器に、企業の課題をハンズオンで解決。近年台頭してきた職種なだけに、環境整備が未徹底で、業務範囲の曖昧さやサービスのレベルにばらつきがあり、企業側とのミスマッチもある。結果を出し、一人で複数社をかけもちするスーパー顧問=プロフェッショナル顧問も増加中

高まる企業ニーズと派遣会社の参入で顧問マーケットは急速に拡大中

中途採用やコンサルタントは企業にとってリスクが高い

新しい顧問が台頭してきた理由は、企業側のニーズが変わってきたことが大きな要因です。

特に中小企業やベンチャー企業は、大企業と違って組織が脆弱《ぜいじゃく》ですから、業績を上げるために販路を拡大しようにも、新規事業を立ち上げようにも、そのための人材が不足しているケースがよくあります。また、事務や管理業務などいわゆる「バックオフィス」と呼ばれる裏方の仕事も人材不足で、仕組みが整っていないこともしばしばです。

こうした問題に対して、これまでは中途採用で人材を募集するか、専門のコンサルタントと契約するしか選択肢がありませんでした。

しかし、採用活動は募集広告を出すのにも経費がかかりますし、採用したいと思える人物と出会えるかどうかわかりません。なんとか採用ができたとしても、正社員を雇用するとなれば大きな出費を伴います。しかもせっかく雇うことができても、長く定着する保証はありませんし、そもそも本当に役に立ってくれるかもわかりません。正社員の採用は、企業にとって非常にリスキーです。

では外部に頼めばいいのかというと、それもまた別の難しさがあります。例えば営業部門の立て直しをコンサルタントなどのプロに依頼すれば、百万円単位の莫大なお金が必要です。

コンサルタントではなく営業代行会社に頼むという方法もありますが、アポの件数は増やすことができても、根本の営業戦略や営業課題の解決にはなっておらず、成果が出ないケースも多いと聞きます。

そうやって苦労するよりも、長らく営業部門で働き現場を率いてきた人を顧問として迎えるほうがよっぽど有効です。

人事や経理などのバックオフィスに関しても、経験のある人に顧問をお願いしたほうが今あるリソースとアセットを活用した効率的な運営を可能にしてくれます。

つまり、社員を採用したりコンサルタントを入れるより、実務能力が高く経験豊富なミドル世代やシニア世代を顧問として迎えたほうが、早期かつ効率的に課題が解決できるのです。

このような事実に気付いた企業を中心に、顧問という職業に新たなニーズが生まれ、市場が生まれてきました。

多角化する派遣会社が顧問に注目

この状況に目をつけたのが派遣会社です。

派遣会社というと、２０００年代までは軽作業の請負や補助的なオフィスワークなどの派遣事業が主体でした。しかし、リーマンショック後、日本の経済全体が不況に陥る中で、派遣事業も多角化する必要が出てきました。

そんな中で、派遣会社が続々と参入し急成長してきたのが、「顧問派遣事業」です。

私が顧問の仕事を始めた約6年前は、顧問派遣を行う派遣会社は3、4社程度でしたが、現在では、私の知りうる限りでも20社以上に増えています。

顧問派遣マーケットは、誕生してまだ10年にも満たないのですが、企業のニーズと派遣会社の参入により、急速に拡大しているのです。

企業にとって、公的機関の経営支援サービスは使いづらい

なお、中小企業に対しては、商工会議所や中小機構（独立行政法人中小企業基盤整備機構）などの公的機関も、経営支援のサービスを提供しています。

中小企業は顧問ではなくこうした行政サービスを受ける選択肢もあるのですが、公的機関であるがゆえに、何かと融通が利かないことも多いようです。

例えば、支援で企業にやってきた人物は、助言するだけならＯＫだけれど、一緒に作業するのはＮＧなど、仕事をする中で必ず「これ以上はできない」とストップがかかる場面が出てきます。また、申請手続きも煩雑で、書類作りに時間を取られることもしばしばです。

その点、派遣会社から派遣される場合には、顧問は雇用契約のない業務委託ですから、どこからも規制がかかりません。企業の課題解決のためならば、余計な手続きを経ずに、ダイレクトに関わることができます。費用負担はありますが、企業側にとっては顧問のほうが圧倒的に効率的なのです。

大手企業も、顧問を起用するように

顧問を起用する企業は当初、ベンチャー企業や中小企業が中心でしたが、次第に大手企業にも広がってきています。

ＩＴ業界など意思決定のスピードが速い業界は、もともと外のリソースを使うことに抵抗がなく、外部から顧問を迎え入れやすかったのですが、旧来型の業界の大手企業の場合は、顧問を迎え入れるとなると社長決裁が必要となり、なかなか気軽に導入することができませんでした。

しかし、近頃は大手企業でも部門決裁が可能になり、部門ごとに顧問を外のリソースとして積極的に活用する機運が高まっています。

例えばある大手企業は、それまで知見がないため断念していた新規事業に対し、管轄する部門長が専門性の高い顧問を外から迎えることに決め、効率的に取り組めるようになりました。そんなケースがさまざまな大手企業で増えているのです。

これは、顧問マーケットの拡大とともに顧問人材が増えたことで、カバーできる仕事の範囲がより細分化されたことも理由です。

今、あらゆる企業にとって、顧問に頼むことへのハードルが下がってきていると言えるのです。

企業にとって顧問は費用面でも「おトク」

企業が顧問派遣会社に対して支払う金額の平均的な相場は、例えば月2回の出勤で1ヶ月30万円～40万円（顧問に入ってくる報酬は、そこから派遣会社の取り分を引いた額となります）。コンサルタントに頼むよりもはるかに安い金額です。

しかも、できることはコンサルタントよりも幅広く、実務経験を踏まえて自社にはない知見を提供してくれます。多くの企業が課題の解決をコンサルタントではなく、顧問に求めるようになっているのは、当然の流れでしょう。

派遣会社の営業担当の方に聞くと、最近は新規で営業に行くと、企業のほうから「顧問サービスに興味があるのだけれど、実際のところどうですか？」などと聞かれることが増えているそうです。

少子高齢化で、定年世代の活躍は必須

定年世代が活躍すれば、社会も元気に

顧問に対する企業のニーズが高まっている一方で、定年世代の活躍は日本社会にとって重要なテーマです。

今後、労働市場から若手が減っていくことは、人口推移の予測を見れば明らかです。2030年にかけて生産年齢人口（15～64歳）が大幅に減少する一方で、全人口に占める65歳以上の割合は28・9％（2020年）、31・2％（2030年）、35・3％（2040年）と増え続けることが推計されています（内閣府『平成29年版 高齢社会白書』）。

また、国は経済・雇用政策を講じ、2030年までに60歳以上の就業者数

を約280万人増やすことで、労働力の減少幅を抑えることができるとのシミュレーションから、シニア世代の活躍フィールドの拡大を目指しています（独立行政法人 労働政策研究・研修機構『労働力需給の推計―新たな全国推計（2015年版）を踏まえた都道府県別試算―』2016年）。

政府報告書の『「日本再興戦略」改訂2015―未来への投資・生産性革命―』（2015年）にはこう書かれています。

「高齢者が長年の仕事の経験の中で培ったビジネスノウハウや築き上げた人脈という、若者にはない財産を活かさない手はない。意欲ある高齢者が、年齢にかかわりなく生涯現役で活躍し続けられる社会環境を整えていくことは、高齢者の希望をかなえ、豊かな生活を送れるようにするためにも極めて重要である」

政府としても、今後、シニア世代の活躍を一層促進していく方針なのです。

社会人として長年のキャリアを持つシニア――定年世代の力が、定年によって失われてしまうのは、日本社会にとっても大きな損失です。

実際、顧問派遣会社大手のエスプールに登録している顧問人材の平均年齢は、60歳～65歳。上は80歳の方もいるそうです。

もちろん定年世代の働き方は、顧問だけではありません。軽作業のパートやアルバイトなどで気軽に働きたい人もいるでしょうし、企業に残るのも一つの道です。けれど、20年、30年と会社で実務経験を積んできたのなら、そのキャリアを活かして、顧問として課題を抱える企業を助けるような働き方をしてみてもよいのではないでしょうか。働く意欲と能力のある定年世代に対し、その門戸は大きく開かれています。

実務経験があれば、誰もが顧問になれる時代

あなたが培った「当たり前」を企業は必要としている

「そうは言っても、自分に本当に顧問が務まるのだろうか？」

そんなふうに半信半疑になる人もいるかもしれません。また、顧問には一流企業の役員経験者しかなれないと根強く思っている人もいます。

しかし、**長年真摯に実務経験を積んできた人であれば、何かしら提供できるスキルがあるはず**です。

例えば大手企業の組織論やマネジメントの手法は、それ自体がとても優れています。その組織に長年身を置いていた人に染み付いている、当たり前のビジ

ネスのスキル。しかしそれが、別の企業にとっては当たり前ではないことがあるのです。

会議一つを取ってもそうです。

例えばある会社で行う定例会議では、いつも開始時間ギリギリにメンバーが集まって来て、その日何を話し合うのかも共有されていないまま会議がスタートする。そんな状態が日常でした。けれど、大手企業では一人ひとりの時間を無駄にせず、会議の有効性を最大化しようとする会社も多数あります。事前に会議の目的とゴールを共有し、それぞれの役割を決めて各自がしっかりと準備をして会議に臨むのです。会議終了後には具体的なアクションプランにまで落とし込まれていることも多々あります。

しかし、そういった習慣のない会社からすれば、ノウハウもなく、やり方がわからない。あなたが顧問としてその会社に入って、会議のやり方を改善すれば、社員の意識も変わり、ぐんと効率的な時間の使い方ができるようになるでしょう。

あるいは、中小企業でキャリアを積んできた人は、大手企業にないスピード感で仕事に臨むスタイルが身に付いています。その仕事のやり方は、大手企業で社内調整に多くの時間を割いてきた人にとっては新鮮です。

そもそも所属していたのが大手企業であっても中小企業であっても、同じ業界に何十年も身を置いていれば、いやでも業界独自の慣習やルールが身に付いているはずです。そこで培った経験は、実はその業界に参入したい企業にとって、とても価値のあるものです。

また、マーケティングや人事などの手法は、業界が変わっても通用します。それらの知見がないため、売り上げの低迷や社員の離職に悩んでいる企業がたくさんあります。

皆さんにとっての「当たり前」を必要としている企業は、どこかに必ずあるものなのです。

派遣会社に顧問登録するだけで、一歩が踏み出せる

「働いてもよいと思える会社を自分で見つけられるのか？」

そう思う人もいるでしょう。

自分を必要とする企業があるとして、では、どうしたらそんな企業と巡り会えるのか。

企業のニーズと顧問の持つスキルをマッチングしてくれるのが、顧問業界に次々と参入してきている人材派遣会社です。

顧問派遣会社への顧問登録はとても簡単です。しかも、以前は一部上場企業、あるいはそれに準ずる企業の部長職以上という登録基準が存在する会社が多かったのですが、現在は、何かしらのスキルがあれば登録できる顧問派遣会社が増えています。

そして登録をした人には、顧問派遣会社の営業担当者がつき、さまざまな企

業の案件を紹介してくれます。自分の代わりに企業に売り込みもしてくれます。

この仕組みを使えば、簡単に顧問としての第一歩を踏み出すことができるのです。

「働き方改革」と声高に叫ばれますが、私は「働き方『意識』改革」だと思っています。

先述の通り、顧問を求める企業ニーズが高まっており、マーケットは今、大きく変化しています。**「歳をとっているからもう無理だ」「これしかやってこなかったから、どうせダメだろう」とマイナスに考えるのではなく、意識を変えるだけで活躍できる場所はたくさん見つかるはずです。**

そして、その意識を変えることに年齢はまったく関係がないのです。

平均寿命が年々延び、「人生100年時代」が到来すると言われる現代において、自分の得意なことで社会に貢献して対価をもらう生き方は、**組織に仕えることから卒業できる世代だからこそ可能な「豊かな生き方」**だと思います。

定年世代より下の世代にも注目される顧問業

会社に定年まで残って、得られるものは何？

今、顧問として活躍をしている人たちは、実は定年世代に限った話ではありません。

私自身もそうですが、40代、50代のうちに会社を退職し、それまでに培った人脈や磨いたスキルを利用して顧問に転身する人も増えています。

私のよく知る方は、50歳を機に会社を退職し、顧問となりました。そのきっかけは在職中最後に籍を置いた人事部だったと言います。彼の仕事の一つは、役職定年になった人へ、減俸などの説明をすることだったのですが、今までバリバリと働いてきた人が、ある年齢に達したという理由だけで、会社からの待遇が変わってしまう。自分もこのまま会社に居続けたら、いずれ同じような扱いを受けることになるのだと、とてもリアルに考えたと言います。

そして、組織の不自由さを感じ、退職を決意したそうです。

私自身、長年会社員であったためよくわかるのですが、20～30代のうちは、どんな仕事も自分の成長の糧になっていることが実感できます。けれど、40代も半ばを過ぎた頃になると、会社での自分の行く末が見えてきます。

「このまま会社に残って得るものはあるのか？」

そう自分に問いを投げかけて、答えが「ＮＯ」ならば、会社を飛び出して次の人生を考えるタイミングだと私は思います。

実際そのように考える人が増えているから、会社を辞めてプロとして稼ぐ手段の一つとして、顧問業の門を叩くミドル世代が増えているのだと思います。

今は、定年後の働き方としても、会社を退職した後の独立の手段としても、選択肢の一つに顧問業が加わる時代になってきているのです。

副業・兼業の解禁が顧問マーケットの広がりを後押し

2018年1月から、厚生労働省が「副業・兼業の促進に関するガイドライン」の周知を図っていることをご存知でしょうか。

政府は急速に進む少子高齢化や労働力不足への危機感から、正社員の副業・兼業を推進しています。時代は複業キャリア時代に入ったのです。これは間違いなく顧問という働き方を後押しするでしょう。

2017年にはいち早くソフトバンクやディー・エヌ・エー(DeNA)といった大手企業が副業を解禁しました。今後は、会社員であってもいろいろな働き方の選択肢を持てるようになります。

例えばミドル世代の方は、会社に勤めながら副業として顧問の活動をスタートさせ、しばらく二足のわらじで生活し、早期退職制度で会社を辞め、独立する。そんな未来もそう遠くないはずです。

定年後を見据えて、定年前から顧問の準備をしておくことも可能になってきているのです。

本書ではこれから、「顧問の仕事とはどんなものなのか？」「どうしたら顧問になれるのか？」「顧問として稼ぎ続けるにはどうしたらいいか？」といったことについて、私が培ってきた知見を明かしながら、お伝えしていきます。

1章

顧問の仕事ファイル

私がサラリーマン生活を経て、顧問に「やりがい」を見出した理由

成り行きでスタートした顧問業

私は現在、約30社と契約を結び、顧問として活動をしています。しかし6年前までは一貫してサラリーマンとして過ごしており、自分が顧問になるとは夢にも思っていませんでした。

本章では、顧問という仕事をより具体的にイメージしていただくために、私が顧問として働き始めた経緯や、現在、顧問にどのようなニーズがあるのかをご紹介していきます。

私が大学を卒業して最初に入社した会社は、リクルートでした。

リクルートでは、新規の事業部で新規開拓営業を担当し、営業の基礎を叩き込まれ、売れる営業になるためのさまざまなノウハウを勉強させていただきました。

当時はリクルート事件後という超逆風の中、売り上げ・利益目標を達成する喜びを体験し、同時にそれを得るためには、やるべきことのPDCAを回し続けなければならないという基本活動の重要性が刷り込まれました。在職期間は約3年でしたが、普通の会社なら10年以上に相当する知見・経験が得られ、大変内容の濃い時間を過ごさせていただけたと感謝しています。

その後SONYに転職しました。

在職していたのは約20年。ソニー・ピクチャーズエンタテインメント、ソニー・ミュージックエンタテインメント、ソニー・コンピュータエンタテインメント（現ソニー・インタラクティブエンタテインメント）と会社も部署も出向・異動を繰り返しました。商品部のバイヤーとして商品の仕入れをしたり、営業としてメーカーや問屋、小売店との交渉をしたり、宣伝部でヒット映画を担当していたこともあります。

同社を辞める時には、ソニー・ピクチャーズエンタテインメントの営業部で、営業統括ディレクターを務めていました。

そして２０１２年、44歳で退職を決意します。組織の論理と長年お世話になってきた全国の取引先様への恩義の狭間で葛藤した末の決断でしたので、先のことや次の仕事を決めて辞めたわけではありません。しかし、これをよい機会と前向きにとらえ、いったん自分の棚卸しを行い、自分に足りない部分も含め、もっと幅広くビジネスのことを学ぼうと、大学院に通うことに決めました。


ある程度の蓄えはあったので、大学院での勉強に集中してもいいと思っていましたし、もしくはコンサルティングやマーケティングの分野で会社を立ち上げるか、個人事業主としてそれらの仕事をしながら、大学院に通おうと思っていました。

しかし、前職からつながりのあった楽天の役員と顧問の方から、「顧問をやってみないか」と誘われたのです。

私は当時、顧問がどんな仕事をするのかイメージが湧かなかったのですが、自分に声をかけてくれたことがうれしくて、その恩に報いたい一心で、お話を引き受けました。

私が初めて顧問という肩書で担当した楽天。そこで楽天ブックスという事業の管掌をしました。仕事は、若手社員のスキルアップをサポートしたり、運営にあたり川上のメーカーから協力を得るために、人や会社をつないだりすることが中心でした。はじめは顧問として何をすべきかわからず戸惑いましたが、次第に役割を果たすことができるようになりました。

大学院でビジネスの勉強をしながらでしたから、学んだことがすぐにビジネスの現場で実践できる、とてもありがたい環境でした。

「顧問？　何でそんなことやっているの？」——周囲からの疑問の声

当時は、ちょうど大手の人材派遣会社が顧問派遣マーケットに参入してきた頃。報酬をいただいている以上は、顧問業についてもっと知らなければならないと思った私は、独自に情報収集を始めました。

そして海外ではすでに自分のキャリアを活かして企業に携わる「インディペンデント・コントラクター」という職業が当たり前になっていることや、日本でも顧問マーケットが広がりつつあることを知ったのです。

私は楽天の顧問や大学院での勉強を続ける一方で、いくつかの顧問派遣会社を訪問し、どんな仕事があるのかを聞いてまわり、顧問が活躍の場を広げていることを実感しました。

派遣先企業が望む顧問の仕事は、経営指導や企業の担当者の紹介、営業指導、専門技術の指導ばかりでなく、商談やクロージング（顧客と契約を締結すること）にまで立ち会うことも少なくありません。ただの顔役ではない、ハンズオンで課題解決に携わる新しい顧問像が見えてきました。

顧問派遣会社の方に話を聞く一方で、果たして自分は顧問という「商品」になり得るのか、ためしに顧問派遣会社に登録してみました。それを機に、派遣会社から「この案件を受けてみませんか？」と依頼が舞い込み始めました。

こうして、楽天の顧問を続けながら、ほかの企業の顧問も同時に行うようになっていったのです。

一方、友人や元同僚など私のまわりの人にはまだまだ顧問に対する認知度が低く、顧問業をしていると伝えると、「会社を辞めて顧問？　楽して何をやっているの？」と言われたり、年配の方からは「44歳で顧問だなんて、偉そうだ」と言われたり、従来型の顧問のイメージで誤解されることが多々ありました。その度に、今の顧問は違うのだと説明したものでした。

顧問としての原点になった思い

顧問先企業が増えるにつれ、多くの企業のトップとの出会いを通じ、彼らの社員に対する思いや自社に賭ける使命感を知りました。どのトップも必死に経営に向き合っていました。

その時に抱いた思いが、顧問としての私の原点になりました。

「自分の会社をつくるより、いろいろな会社の夢を一緒に追いかけるほうがダイナミックな体験ができる。そのほうがよっぽど楽しそうだ」

そして、せっかくやるならプロとして、プロの顧問として食べていけるようになることを決め、踏み出したのです。

仕事は、最初はほとんどが顧問派遣会社を通しての案件でした。2年目くらいからでしょうか。企業から直接依頼される機会が増え、現在は派遣会社を通した契約は2割くらいで残りは企業との直接契約です。いただく報酬は直接契約のほうが多くなりますが、お世話になってきた顧問派遣会社各社とはよい関係を続けていきたいので、これからも依頼があればできるだけお話をお受けしたいと思っています。

おかげさまで、現在契約している顧問先からの総収入は、前職で最後に営業統括ディレクターをしていた時の何倍にもなっています。

私の場合は会社を辞めてすぐに、顧問派遣会社から案件を紹介してもらうことができたのですが、それでも最初の頃は実績をつくらなくてはという思いから「どんな案件でもいいからやらせてください」と、顧問派遣会社の営業担当に積極的にアプローチしていました。

そのうち、顧問先が知り合いの企業を紹介してくださったり、あるいは自分の活動を投稿していたSNS（Facebook）を通じ直接依頼が舞い込んだりするようになりました。

現在、私は同時に複数の顧問契約先企業に携わっています。ある時は顧問としてマーケティング会議や経営会議に参加し、またある時は顧問先が出資している映画の撮影の立ち会いをしたり、顧問先企業の新卒向け会社説明会に同行したり、新規販路の開拓サポートをしたりと、国内や海外を飛び回っている日々です。

顧問の活動事例を見てみよう

顧問に期待されていることは、自社ではまかなえない領域をカバーしてもらえることです。では、具体的に企業はどのような課題を持ち、顧問はどのように企業に関わり、その課題を解決しているのでしょうか。

ここからは、顧問の活動の具体例として、顧問派遣会社を通して企業にマッチングされた顧問の仕事の事例を見ていきましょう。

人材採用・育成の課題

店舗によってサービスがバラつき、売り上げが低下
業績低下に歯止めをかけたい

――飲食サービス会社

〈依頼の背景〉

課題を抱えている企業は、東日本を中心に50店舗以上を運営する飲食サービス会社です。地域密着型の展開をしており、これまでは各エリア長に運営を任せて事業を拡大させてきました。

しかし店舗によって、サービスの品質に格差が発生するようになってしまい、その差が売り上げに直結し、あるエリアでは規模縮小を余儀なくされるケースも出てきていました。

この事態に対して、企業ではエリアごとに研修を実施し、改善を試みたのですが、各エリアのスタッフは本部への帰属意識が薄いこともあり、まったく効果が現れませんでした。

そこで、年々下がる業績に歯止めをかけるため、顧問派遣を依頼しました。

〈マッチングされた顧問〉 元飲食チェーン　人事担当役員

〈取り組みと成果〉

顧問はまず、運営上の課題を洗い出すために、各店舗の店長全員と面談を実施しました。そして、店長それぞれが現場で感じている課題や育成方針、本部への不満などを詳細にヒアリングし、解決すべき課題を洗い出し、優先順位をつけました。

次に、それらを元に、管理者育成プログラムを作成しました。そして全店舗の店長を本部へ招集し、2日間の管理者研修を決行。研修では、現場で発生しうる問題を想定したロールプレイングも実施しています。さらに全体研修を年に1回、各エリア別研修を半年に1回、定期的に行うこととしました。

　すると次第に現場スタッフの定着率が向上し、サービスの標準化がなされるようになり、結果、業績が回復。また、他店とのネットワークが強化されたことにより、自発的に課題の共有化が進み、改善のスピードも向上しました。

海外進出サポート

自社にノウハウはないものの、インドネシアでの展開を希望

――直営・フランチャイズの飲食店

〈依頼の背景〉

国内でしゃぶしゃぶ店を直営・フランチャイズ展開している企業。インドネシアでフランチャイズ・オーナーを探し、展開をしたいと考えていますが、自社には、海外での開拓におけるネットワークも交渉のノウハウもないことから、インドネシアでのビジネスの経験がある顧問の協力を要請しました。

〈マッチングされた顧問〉 元携帯電話メーカー　インドネシア担当

〈**取り組みと成果**〉

顧問は、長年インドネシアに在住していた経験や人脈を活かし、日本のラーメン店のフランチャイズ展開を行っているインドネシア人のオーナーと、依頼された企業を引き合わせました。そして無事にそのインドネシア人にフランチャイズ・オーナーとなってもらえることとなりました。

また、販路開拓だけでなく、ジョイントベンチャーに向けての契約も進め、さまざまな障害が出てきた際に間に入り、関係構築と双方が納得できる契約内容の調整に努めています。

社内の担当者だけでは効率的に進まない欧米進出事業をサポート

――製造・販売会社

〈依頼の背景〉

フィットネス機器の製造・販売を行う企業が、欧米進出のために2名の担当者で計画を進めていました。担当者は全商品の貿易関連の情報収集と、申請業務の対応をしていますが、専門性がないために、なかなか効率よく進めることができませんでした。

そこで海外進出の経験があり、製品開発に知見のある人にサポートしてほしいと顧問を依頼しました。

〈マッチングされた顧問〉 元医療機器メーカー　開発本部部長

〈取り組みと成果〉

顧問の知見とネットワークを活かしてＦＤＡ（アメリカ食品医薬品局：食品や医薬品、ヘルスケア商品などの許可や違反品の取締りなどを行う政府機関）の許可取得における申請書作成や業者選定などを支援しました。結果、欧米進出をスムーズに進めることができました。

この企業ではその後、次なる認証取得の準備も進められています。

営業戦略の構築

業績が停滞している商品の営業戦略の見直し

——ペット用品販売会社

〈依頼の背景〉

国内でＥＣ（電子商取引）をメインにペット用品を販売していますが、業績があまり上がらないことから、営業戦略の見直しを行いたいと顧問の派遣を希望しました。

さらに、今後はペット用サプリメントなどの栄養補助食品や医薬部外品などの販売を検討していますが、企業にとってはまったく未経験の分野なのでアドバイスをもらいたいとの要望も。

〈マッチングされた顧問〉元米国系食料品会社　ペット事業部長

〈取り組みと成果〉

顧問はペット業界の経験を活かし、顧問先企業でペット業界の業界構造を説明し、ＥＣで取り扱う商品の選定からアドバイスを行いました。また、ペット用品の販売戦略（サプライヤーの選定とメディアの選定、提携先の選定）を2ヶ月ほど支援しました。

そして新規事業に対しては、アレルギー検査の提携先2社を紹介。結果、業績が大幅に改善され、新規事業も主軸の事業へと拡大しました。

競合の台頭で売り上げが減少。打開策を構築してほしい

――総合設備工事会社

〈**依頼の背景**〉

一代で会社を立ち上げた社長が経営している企業です。20年以上、電気工事や、土木工事、空調設備工事など多岐にわたる工事を受注しています。これまでは、地場で地道に構築した仕入れルートから案件を受注してきましたが、競合会社の台頭により、売り上げが減少傾向にあります。

そこで営業エリアを拡大し、新規開拓にも力を入れていますが、他社との差別化がうまく図れず、成果につながりません。経営を回復させる新たな策の模索を始めましたが、創業以来、一貫して同一のゼネコン、サブコン（ゼネコンの下請）、行政から案件を受注してきたため、アイデアが浮かばないという課題を抱えています。

〈マッチングされた顧問〉元建設会社　本部長

〈取り組みと成果〉

受注した案件を処理する「待ちの営業体制」から大きく転換するため、オフィスビル、マンション、商業施設などの開発案件の情報を仕入れる開発事業を提案し、チームを結成しました。開発に企画から携わり、工事との両面で収益を上げる総合建設業を目指し、プロジェクトをスタートさせました。顧問はこのプロジェクトリーダーとして支援を開始。

当初はリスク回避のため、デベロッパーとタッグを組み事業を進めていく方針とし、顧問のネットワークにより、パートナーとなり得る企業へのアプローチを進めていきました。

また、プロジェクトのメンバーには、物件の新規情報に対する判断の仕方、専門用語、法律用語の解釈、契約書の作成方法など、営業上必要不可欠な知識を指導しました。

今、企業はどんな人材を求めている？

「現場」を経験している人に需要がある

顧問の活動事例を見ると、あらゆる業界、職種で顧問が必要とされていることがおわかりいただけたのではないでしょうか。

顧問マーケットでは、時代とともに企業のニーズも変化しています。

顧問派遣会社大手の方に聞いた話では、その会社が顧問派遣サービス事業を立ち上げた時に想定していたクライアント企業側の需要は、上場会社の役員を顧問として迎えたいというものだったそうです。

しかし実際にサービスを開始すると、顧問人材としては、上場企業の役員層よりも、現場を経験している人を求める需要のほうが高かったと言います。

顧問の業務は「経営戦略や事業計画の策定」「後継者や幹部の育成」といった企業のマネジメントをサポートする役割が中心になるだろうと想定していたのに、**企業はそれよりも実務のできる人材を求めていたのです。**

例えば「製造現場でずっと働いてきました」というような、より現場に近い人に、品質管理や生産の効率化などをサポートしてほしいとの依頼が多く、意外な展開であったと教えてくれました。

なお、顧問派遣会社への取材によると、業界を問わずニーズが高く、人材が求められているのが次に挙げる業務です。

〈業界不問・引き合いの多い業務〉
○営業マニュアルの設計
○海外進出サポート

○広告・広報による集客
○新規事業開発
○新商品開発
○研究開発
○技術者の育成
○人材採用・育成
○「経営管理業務の責任者」などの有資格者

営業は人脈の紹介から、ソリューション構築へ

営業系ではこれまで業界を問わず、顧問の人脈を頼りにした案件が多く見られていました。企業は、新規販路を開拓するために顧問の人脈で商談機会をたくさんつくってもらい、即売り上げにつなげたいと考えていたのです。

そのニーズは業界を問わず高かったのですが、状況は、少しずつ変化してい

ます。

というのも、いくら豊富な人脈を持つ顧問であっても紹介できるネットワークは当然いつか枯渇するからです。

例えば、企業が「毎月必ず、2社紹介してほしい」と具体的な要望を提示していた場合、それができなくなれば、簡単に契約は切られます。

これは企業と長期契約を結びたいと考える顧問派遣会社にとって由々しき問題です。

そこで、最近では営業戦略の策定など、企業の営業力そのものを高めるような案件を増やし、長期の契約を取っていきたいと考えているそうです。

また、企業のほうも人脈営業に限界があることが次第にわかり、最近は、一緒にソリューションを考えてくれる顧問を求める方向へと変化してきているそうです。

細分化するニーズ

顧問の活動事例もさまざまな案件がありましたが、顧問業界はニッチな案件が増えており、企業からのニーズは非常に細分化しています。

例えば、あるメーカーからは、製造工程に電気炉を使用しているため、電気炉の専門知識を持つ人にコスト削減のアドバイスをしてもらいたいという要望が寄せられました。

すると顧問派遣会社は、登録者の中から、製鉄会社ＯＢなどで電気炉を使用した経験のある人を探すことになります。

顧問派遣会社は、より多様なキャリアの顧問を揃えておかなければ、求められる企業のニーズに対応できない状況になっているというわけです。

なお、現在の業界別の顧問案件のトレンドは次の通りです。

皆さんがここに挙げた業務を経験していれば、顧問としての強みになる可能性が高くなりますので、ぜひ参考にしてください。

〈業界別・引き合いの多い業務〉

《IT・Web業界》

○エンジニア採用
○AI活用
○IoT開発
○セキュリティ製品
○データ分析

《製造業界》

○自動化
○IoT開発
○ISO取得
○OEM先の開拓

《小売・流通業界》
○ＥＣ改善
○Ｗｅｂマーケティング
○店舗開発
○新業態／商品開発
○アルバイト採用
○データ分析

《金融業界》
○ソリューション開発（Fin Tech
ファイナンス・テクノロジー）
○業務効率化
○金融庁対応

《医療・ヘルスケア業界》
○データ分析
○自治体開拓
○地域医療連携

《その他》
○広報／ＰＲ
○人事制度構築
○社外取締役
○ＩＰＯ
○新規事業開発
（オープンイノベーション）

2章
顧問派遣会社を利用して顧問として働いてみよう

まずは顧問派遣会社に登録〈顧問先決定までの流れ〉

顧問登録のプロセスはとても簡単

前章までで顧問という仕事の概略をつかんでいただけたと思います。いよいよ本章では、「顧問として働き始める方法」を詳しくお教えしたいと思います。

顧問として仕事をスタートさせる際、まず行うことは、顧問派遣会社に登録することです。

顧問派遣会社のホームページには「顧問登録」「個人サービス登録」といったフォームがあるので、そこに自分の基本情報を入力します。

入力する内容は会社によって異なりますが、たいてい必要事項は、氏名、年齢、現住所、電話番号、メールアドレス、出身企業、主な所属部署・役職です。任意で、保有資格や派遣会社への問い合わせ（質問）なども書き込めるようになっています。

かなりの量の情報を書かせるところもあれば、シンプルに履歴書ベースでOKというところもあります。

入力した基本情報を送信すれば、仮登録が終了します。

仮登録の後は、多くの場合は顧問派遣会社の事務局から「顧問登録資料」が送付されてきます。各項目に必要事項を記入し、事務局がその資料を確認できた時点で、本登録完了となります。

次のステップは派遣会社の担当者との面談です。時間はどこも1時間程度。経歴の確認や専門分野についてインタビューされることが多いでしょう。

この面談を終えると、派遣会社は案件をメールなどで随時紹介してくれるようになります。そして、「やってみたい」と思う業務があれば、顧問派遣会社に連絡をし、相手先企業との面談を経て、成立すれば顧問として業務開始です。

■一般的な顧問派遣登録フォーム

[職務経歴書シート]　　　　　　　　　　　　　　　年　　月現在

氏　名			
生年月日	年　　月　　日　（満　　歳）	性　別	
携帯番号			
E-mail			
現住所	〒	電話番号	
		FAX番号	
連絡先	〒　　　（現住所と異なる場合）	電話番号	
		FAX番号	

年	月	学歴・職歴（役職の記載も含む）

■精通している業界	
❏ 大分類	
❏ 中分類	
❏ 小分類	

■顧問として自信のある仕事		
1位	職　種	
	得意分野	
2位	職　種	
	得意分野	
3位	職　種	
	得意分野	

■上記の得意分野1～3位の顧問要請に対し、クライアントの立場では何を期待できますか。	
1	
2	
3	

[顧問派遣ヒアリングシート]

■顧問企業に対して、紹介可能なネットワーク（人脈）を教えてください。		
1	企業名	
	部門名	
	❏ 会長/社長　❏ 役員　❏ 本/事業部長　❏ 部長　❏ その他	
2	企業名	
	部門名	
	❏ 会長/社長　❏ 役員　❏ 本/事業部長　❏ 部長　❏ その他	

記入欄は
5～15社
程度

※上記フォームはイメージです

主要な顧問派遣会社はおよそ20社。それぞれの違いとは？

顧問派遣を行っている派遣会社は現在主要なところで20社くらいあります。しかし、中には企業に対するセールスが弱いところや、せっかく始めても顧問に企業フォローを任せきりで、結果、契約が長続きしないケースが散見する顧問派遣会社もあります。企業のニーズを深掘りしていて、適切な顧問を紹介できる派遣会社は数社だと思います。

その代表的な会社の顧問派遣事業を簡単にご紹介しましょう。

まず最も歴史がある「顧問名鑑」（レイスマネジメントソリューションズ）は、２００９年にスタートしたサービスです。上場企業の役員、部長職経験者が多く登録しており、開始時こそ顧問人材が少なかったものの、２０１８年3月末には登録顧問が１万人以上。累計で９５００社以上の中堅・ベンチャー企業に顧問を送り支援しています。

ほかにも、大手派遣会社のパソナキャリアカンパニーの「パソナ顧問ネットワーク」、約6割が海外事業メインの「グローバル顧問」（サイエスト）、登録者に製造業出身者が多い「プロフェッショナル人材バンク」（エスプール）、ベンチャー企業の新規事業開発案件を得意とする、サーキュレーションという会社の顧問サービスなどがあります。

それぞれの特徴や顧問の報酬を表にまとめましたので、登録時の参考にしてみてください。

※左表の「顧問料」は、契約先企業が顧問派遣会社に支払う顧問料のことです。顧問料から、顧問派遣会社の取り分（「紹介手数料」「サービス提供料」など会社により名称が異なる）を差し引いた金額が、案件を担当した顧問の取り分となります。
※左表のデータは2018年取材時点。

■主要な顧問派遣企業別のサービスの特徴など

※社名50音順

プロフェッショナル人材バンク（エスプール） ※事業名（社名）

登録者数	7000名	登録顧問属性	事業会社出身の40代〜60代が多い。実務のスペシャリストから役員層まで幅広い層が在籍
累計支援案件数	2000件	顧問料	月額9万8000円〜／月1回活動 ※紹介手数料あり
得意領域	中小・ベンチャー向けは、販路開拓やWebマーケティング支援、中堅規模以上の企業向けは、新規事業の初期戦略立案や新商品開発の技術支援が多い		

顧問サービス（サーキュレーション）

登録者数	10000名	登録顧問属性	事業会社出身の実働型人材が多い。40代以下の若手層、50代以上の幹部層が約半数ずつ在籍
累計支援案件数	1845件	顧問料	月額25万円〜／月1回活動 ※サービス提供料あり
得意領域	中小企業の人材戦略や事業継承、大手企業の新規事業案件が多い。地方専任、システム関連特化のチームもあり		

グローバル顧問（サイエスト）

登録者数	5000名	登録顧問属性	8割以上が海外事業メインの顧問。メーカー出身者が多い
累計支援案件数	約1000件	顧問料	月額10万円〜／月1回活動 ※紹介手数料あり
得意領域	国内サービス業系企業の海外展開支援が多い。海外企業の日本進出支援も手がける		

パソナ顧問ネットワーク（パソナキャリアカンパニー）

登録者数	4500名	登録顧問属性	IT・Web領域に強いベンチャー企業の元CTOから大手上場企業元役員まで幅広い層のプロフェッショナルが登録
累計支援案件数	1500件以上	顧問料	月額40万円〜／月4回活動 ※顧問紹介手数料1ヶ月分
得意領域	営業戦略支援をはじめ、経営戦略や採用支援、Webマーケティング、新規事業開発支援などが多い		

顧問名鑑（レイスマネジメントソリューションズ）

登録者数	10000名	登録顧問属性	上場企業役員、部長クラスのOBが多い
累計支援案件数	9500件以上	顧問料	非公開
得意領域	中堅・ベンチャー企業の営業支援、商品開発支援、生産性向上支援などが多い		

顧問がもらえる報酬はどのくらい？〈収入〉

会社員時代を上回る収入を得ることも可能

実際に顧問派遣会社を通して顧問として働くと、ひと月にもらえる報酬はいくらぐらいだと思いますか？

顧問がもらえる報酬は、企業が支払う顧問料を派遣会社と分配したものになりますが、その比率は派遣会社ごとに違います。派遣会社と顧問で折半の会社もあれば、顧問が「3」、派遣会社が「7」の割合で分配される派遣会社もあります。

企業が顧問派遣会社に払う顧問料は、月に2回出社で月額30万円〜40万円が平均的な相場だと前述しました。それに当てはめて試算すると、派遣会社と顧問が折半する場合の顧問の取り分は、15万円〜20万円。顧問は「3」、派遣会社が「7」の場合は、顧問の取り分は、9万円〜12万円です。

顧問派遣会社によって金額にかなり開きがあるのは否めませんが、月に2回程度の出社でこれくらいの報酬をもらえるのであれば、定年世代の収入として悪くないのではないでしょうか？

顧問は複数社と契約することが可能ですから、取り分が「3」だったとしても、5社契約すれば月額45万円〜60万円。仮に10社契約すれば月額90万円〜120万円。私が冒頭で「会社員時代の収入を上回る可能性がある」と申し上げたのも、うなずけることと思います。

企業が払う金額と顧問がもらう金額の間に大きなギャップが

ところで、顧問派遣会社と顧問の配分について、ときどき顧問先企業から「派遣会社さんからはいくら報酬をもらっているの？」と聞かれることがあります。

守秘義務があるので伝えることはできませんが、「言えません」などと突っぱねては角が立ちますから、私は「それなりにもらっていますよ」などとぼんやりとした答え方をしています。

ただ、報酬については、業界全体で改善していきたいと思っていることがあります。

先にも述べた通り、顧問先の企業が支払う報酬から顧問がいくらもらえるかは、派遣会社によって異なります。顧問の取り分が少ない場合だと、企業が支払う顧問料が30万円だったとして、顧問に入るのは9万円くらい。30万円と9万円ではかなり大きなギャップです。

でも、そんな実態は企業側にはわかりませんから、当然30万円をベースに顧問は仕事ぶりを期待されてしまいます。「毎月あれだけ払っているのだから、素晴らしい成果を出してくれるだろう」と企業側が思うのは当然です。しかし、本人が実際にもらっている報酬はそれよりもはるかに少ない額であることも。

このギャップをもう少し是正してもらえたら、企業側・顧問側双方のストレスが軽減されるように思います。

私は、せめて顧問は実力によって、報酬の配分比率が変わるべきではないかと思っています。

もちろん派遣会社が、顧問の活躍のために手を尽くしてくれているのはわかっています。とはいえ結果を出している顧問も顧問未経験の人も、同じ配分率である状況は、ほかのプロフェッショナルの業界ではありえないことだと思うのです。

今後、顧問業界をもっと成熟させていくためにも、報酬のルールを変えていく必要があると考えています。

顧問契約は「業務委託契約」が基本。顧問は個人事業主〈立場〉

企業と派遣会社、派遣会社と顧問。二者間契約で成立

派遣会社を通して顧問先企業が決まったら、派遣会社と顧問、そして企業はどのような契約を交わすのでしょうか。

顧問契約までのプロセスを簡単にご紹介しましょう。

まず課題を抱える企業が顧問の導入を考え、顧問派遣会社にコンタクトを取ったとします。すると派遣会社は企業の求める課題に対応できそうな顧問を、顧問登録者の中から探します。そしてベストな人材を見つけたら本人に連絡し、顧問派遣会社、本人、企業の三者で面談を行います。お互いに一緒にやっていくことに合意すれば、契約となります。

契約は、まず顧問派遣会社と派遣を依頼した企業が「コンサルティング契約」を結びます。そして顧問派遣会社と顧問登録者が「業務委託契約」を結びます。これで、二者間契約が成立します。

なお、顧問派遣会社への登録は1社にしなければならない、というルールはありません。複数の顧問派遣会社に登録してみて、自分に合うものに絞っていってもいいですし、複数の顧問派遣会社で業務委託契約を行っても問題はありません。

これは企業と直接契約する場合も同じです。何社と顧問契約を結ぶかは、個人の裁量で決められます。

ただし、契約書上に競合契約禁止をうたっている企業もありますが、派遣会社を通す場合も企業と直接契約する場合でも、同時期に同じ業界の案件をかけもちすることは避けましょう。

私も顧問派遣会社から、私が関わっていることを知らずに、同業他社の案件を依頼されることがあります。そのような時にはすでに同業他社で顧問をしているという事情を説明し、必ず断るようにしています。そういった理由で断ったとしても、評価が上がることはあっても下がるといったことはありません。

個人事業主だから、従うべき相手は誰もいない

なお、顧問の契約には大きな特徴があります。

お気付きかもしれませんが、人材派遣会社から派遣される社員（派遣ＯＬなど）は、派遣会社と雇用契約を結んでいます。しかし、顧問の場合は顧問派遣会社と雇用契約を結ばずに「業務委託契約」を結びます。

つまり、顧問となる皆さんは、派遣会社にも顧問先企業にも雇用されていない「個人事業主」ですから、派遣会社とも顧問先企業とも対等な存在です。

だから偉そうな態度を取っていいということではありませんが、長い間、組織に仕えてきた身としては晴れて自由の身。身が引き締まると同時に清々《すがすが》しい

境地に立てると思います。

顧問の契約期間は、6ヶ月ごとの更新が比較的多く、企業が活動内容に満足していればそのまま更新されます。長い方になると数年同じ企業で顧問を続けています。

また、最初は業務委託でも、企業側・顧問側双方が相手を気に入り、正式な雇用関係に発展するケースもあります。

顧問を目指す人にとって、顧問派遣会社との業務委託契約で収入を得る働き方は、手続き面でもとても楽です。顧問として仕事が決まれば、税務署に個人事業主として開業届を提出しますが、最初に必要な手続きはこれくらい。一般的な独立・起業とは異なり、在庫や事務所を持つ必要もありませんから、固定費はかかりません。営業は派遣会社が行ってくれます。

顧問派遣会社というインフラが整っている今、顧問として活動するのは、とてもメリットが大きいのです。

登録顧問の稼働率はわずか5％。自分の強みを知ることが第一歩〈受注力〉

登録後の面談でふるいにかけられる

現在、顧問派遣会社に登録している顧問の人数は、各社に聞いた登録者数を合計するとおよそ延べで7～8万人。

しかし、顧問派遣会社に話を聞くと、実際に企業で顧問として活躍しているのは4000人にも満たないと言います。

つまり、顧問派遣会社の登録顧問の稼働率は、概算でわずか5％なのです。

ではなぜ、95％もの顧問は登録したままになってしまっているのでしょうか。

それは、過去のプライドからか「私ぐらいのキャリアになれば登録しておけば、いつか仕事をもらえるだろう」と、高をくくって受け身になってしまっている人があまりにも多いからです。

本登録の後には、顧問派遣会社の担当者との面談があるとお伝えしました。実はその面談を通して、登録者はふるいにかけられています。

本人はどんなスキルを持っているのか。本人が持っている人脈は今も生きている人脈か。顧問派遣会社にとってはこの見極めがしっかりできないと、企業へ紹介した後にミスマッチが起きてしまいかねないので、厳しくチェックしています。

そして登録者は3～5段階くらいの「ランク」がつけられます。ランク上位の人は、長期で契約が見込めるとみなされ、優先的に仕事が紹介されるのです。

実際に登録してみるとわかるのですが、顧問派遣会社から週に1回程度、登録者には情報開示が可能な案件がメールで配信されてきます。やってみたいと思った案件は自ら立候補することができるのですが、ただしその案件は全体の依頼のごく一部に過ぎません。

実は、顧問がマッチングされるほとんどのケースは、顧問派遣会社側から特定の顧問に対して「この案件をお願いできませんか？」と個別に依頼がされています。

競争相手に埋もれないための「強み」を持つ

では、どうすれば直接顧問案件を紹介してもらえる人材になれるのでしょう。

大切なのは、顧問としての「強み」を自分でしっかりと分析し、なおかつそれをアピールすることです。競争相手が多いほど、自分の強みをアピールできなければ埋もれてしまいます。

実際に活躍している顧問の方は、顧問登録時に書き込む文面でも、面談の場でも、自分のセールスポイントを差別化して、明確にアピールすることができ

ています。つまり、自分の経歴にいかに「エッジ」を効かせられるかが重要なのです。

企業側にしてみれば、例えば定年後1～2年ほど、まったく仕事をせずリタイアしていた人が、本当に会社の役に立つのか心配になるのは当然です。

企業にとって、来てもらいたい顧問は「今、結果を出せる人」なのです。

では、顧問派遣会社に「この人ならこの企業の課題解決に貢献してくれるだろう」と思われ、企業からも「ぜひお願いしたい」と求められる顧問になるためにはどうしたらよいのでしょうか。

それはこれまでのキャリアの棚卸しを行い、その中で、マーケットにおいて**「自分の何が強みなのか」「ほかにはないスキルやノウハウは何なのか」「補完しなければならない弱みは何なのか」**を知ることです。自分を分析したら、その強みやほかにないスペックをどう研鑽《けんさん》し高め、弱みをどう補完するのかを具体化し、実行していくことが必要です。

ここまで読んで「自分に強みなんてない」「やっぱり顧問は大変だ」などと気後れする必要はありません。

本書の3章では、自分の強みを見つけ、さらに自己研鑽をするための自己分析の方法をご紹介しています。

自分に足りないものがあるのなら、それを足せばよいのです。

ほかの人と差別化できる強みは何か、どうしたら高めることができるか、じっくりと考えていきましょう。

顧問派遣会社は味方。賢く付き合い、顧問として羽ばたこう〈アピール〉

登録情報の充実はマスト！

自分の強みを明確にし、アピールすることは、顧問登録時に情報を入力する時にとても大切です。

顧問登録の際、レジュメに会社名や役職名しか書いていないと、顧問派遣会社はその人がどんなことが得意で、何ができるのかまで想像することができません。「できること」の情報が多いほど、顧問派遣会社は企業に顧問を提案しやすくなります。

また、登録情報に、担当者が検索すると予測されるキーワードを入れておくことも重要です。何千人も登録しているのですから検索に引っかからなければ、担当者は顧問の情報に行き着くことができません。担当者の検索に皆さんがヒットしなければ、案件を紹介するまでには至らないのです。

キーワードを入れる時のポイントは、紹介可能な人物の企業名をなるべく書くこと。そうしておくと、顧問を探している企業が「〇〇社とつながりたい」と要望した時、あなたがその会社とルートがあった場合に、担当者はすぐにあなたの情報に行き着くことができます。

一方で、いろいろなことを書きすぎても「強み」がブレてしまいます。「**製造業**で**マーケティング**の経験が長く、特に**販売戦略**で実績を上げている」など、強みとなるキーワードが三つくらいだとわかりやすいそうです。

顧問派遣会社の営業担当の方によれば、自分の強みを「こういう案件ならこのように貢献できる」とパッケージ化して伝えられると、企業に対して売り込みやすくなると話していました。

登録情報はこまめにアップデートを

また、これも顧問派遣会社の方の話ですが、顧問としての実績がある程度できてくると、どうしてもそのイメージが固定されてしまうそうです。例えば、医療系の会社の顧問案件が続くと、「○○さんは医療業界だよね」と、イメージが固まってしまうのです。

これは派遣会社に強みを認知されたという点では、一つの成功パターンですが、同じような案件が発生したら、毎回その人に依頼がいくようになってしまいます。逆に言うと、違う業界の案件が紹介されにくくなってしまいがちです。せっかく幅広く活躍したいと思ってもできなくなってしまうのです。

そういった意味でも自分の登録情報は、こまめに更新することが大切です。新たな資格を取ったら、そのことを書き加える。また、実績ができたら、それも加えましょう。

例えば医療系の会社に勤めていた顧問登録者が、まったく業界の異なる教育系企業で新規事業開発の顧問として働いたなら、それはぜひ情報に加えてください。顧問派遣会社は「そういう可能性もあるのか」と気付くことができ、紹介案件の仕事の幅が大きく広がるはずです。

登録情報についてまとめると、

◯強みを明確にし、内容を充実させる

◯検索されやすいキーワードをちりばめる
◯登録情報をこまめにアップデートする

この3点をぜひ心がけていただきたいと思います。

検索にかかりやすいキーワードについては、企業のニーズが高まっている分野に知見があれば、それも大きな強みとなります。

読者の皆さんそれぞれに得意な領域があるかと思いますが、本書71、72ページ〈業界別・引き合いの多い業務〉に顧問案件のトレンドを記載していますので、参考にしてください。

顧問派遣会社に「自分に足りないもの」を聞いてみる

自分にどれだけのマーケットバリューがあるのか、それを顧問派遣会社の担当者に率直に聞いてみるのも一つの手です。

顧問登録後の面談の場などで自分の経歴ではどんなところが強みになるか、あるいは足りないものは何なのかを聞いてアドバイスをもらうのです。

派遣会社は顧問登録者をランクづけしているとお伝えしましたが、派遣会社側は、顧問のこれまでの経験を単に切り売りしようとしているわけではありません。顧問にも案件を通して自身のキャリアアップにつながるような新しい価値を提供したいと思っています。率直に聞けば、親身になって答えてくれるはずです。

顧問登録者の稼働率が5％という厳しい数字をお伝えしましたが、この数字は、まだ顧問業界が始まったばかりで、登録している人たちに顧問派遣会社との付き合い方のノウハウがないために生じていることだと思います。

ここで書いてきたように、本人の努力で5％のハードルは越えられます。そして、そこがクリアできれば、あとは自分の力量次第で顧問の仕事はどんどん広がっていきます。

顧問先企業に満足してもらえれば、「また次もお願い」と仕事を継続できるでしょうし、派遣会社から「この案件もどうですか?」と複数の顧問案件の声がかかることもあります。

慣れないうちから複数社と契約すると、キャパシティオーバーになってしまう可能性がありますが、さまざまな職種の案件を受けているうちに、自分がカバーできる範囲も自然と広がっていきます。

ぜひさまざまな案件にチャレンジして、顧問として幅広い業界で活躍してほしいと思います。

顧問派遣会社は自分の代わりに企業に営業をかけてくれる、とても重要な存在です。味方につけて、顧問業を充実させてください!

3章

顧問の進化形
「プロフェッショナル顧問®」になろう

求められる結果を出せるのが「プロフェッショナル顧問」

顧問から一歩進んだ存在になる

ここまで、顧問とは皆さんのこれまでのキャリアを活かすことのできる、素晴らしい働き方だとお伝えしてきました。しかし中には登録しただけで稼働できていない人もいますし、企業で思うような成果が出せず、すぐに契約を打ち切られてしまう人もいます。

本書を読んでいる皆さんには、こうした名ばかりの顧問ではなく、ぜひプロとして結果を出せる**「プロフェッショナル顧問」**を目指してほしいと思います。

実はこの「プロフェッショナル顧問」は、私が提唱している呼称です。

私は顧問として働く中で、結果が出せる＝質が担保された、社会に貢献できる顧問像をこの業界に確立したいと思い、通常の顧問と一線を画し「プロフェッショナル顧問」と名付けたのです。

企業の抱える課題を解決に導くにあたり、プロとしての意識をどれだけ高く持ち、企業に貢献できるか。プロフェッショナル顧問はそこにこだわり、結果を出すことのできる人材です。

相手先企業の社長と同じ目線で物事を考え、高い視野で解決策を導き出し、成果を出す。そのように貢献してこそ、プロフェッショナルと呼ばれるにふさわしい対価がもらえるのだと思います。

プロフェッショナル顧問になり、それを自分のブランディングとすることで、顧問派遣会社からの依頼が増えるだけでなく、企業から直接依頼を受け、企業と業務委託契約を交わすことも増えてきます。

報酬も企業から直接いただきますから、１社につき月２回程度の活動で月額

20万円~50万円と跳ね上がります。

派遣会社経由の仕事をしている間は、自転車で例えると補助輪が付いた状態。派遣会社の担当者という補助輪が、転ばないようにサポートしてくれています。

一方で、企業と自分が直接契約を結ぶようになると、補助輪が外れた段階です。最初はおっかなびっくりですが、次第にスイスイ走れるようになります。行動範囲もぐんと広がります。

より自分の働きに見合う対価がもらえることにつながりますし、一層充実度の高い仕事ができるようになります。

私はこの顧問の第2ステージとも言える「プロフェッショナル顧問」こそが、顧問業の醍醐味《だいごみ》を満喫できる働き方だと思います。

顧問派遣会社と長く安定したお付き合いをしながら案件をいただく働き方も、もちろん立派な働き方ですが、できれば、次のステージを目指してほしいと思います。

自分の力で新しいフィールドを広げてほしい。

本章では、さらなる高みを目指す人のために、私が培ってきた知見をご紹介したいと思います。

双方を「Win」にする

プロフェッショナル顧問のあるべき姿として、まず、私が心がけているのは、結果を出すことのほかに、**課題解決の過程で常に「Win」**があることです。

例えば、営業（販路開拓）系の顧問案件には、自分のネットワークを活かして商談機会をつくる場合があります。その時には、引き合わせる双方の会社にメリットを生む商談にしなければならないと考えています。

顧問先企業も、私がネットワークを持つ企業も、どちらも大切にすべき相手です。ですから顧問先の企業が持っている商品やサービスが、引き合わせようとしている企業の課題解決に役に立つという確信が持てなければ紹介しません。

顧問先企業に「いい顔」をしたいから、ネットワーク先の企業を利用する。

ネットワーク先の企業に「いい顔」をしたいから、顧問先企業を利用する。このような姿勢では、その不誠実な態度がいつか見透かされ、信頼を損ないます。

無理に商談をセットしようとはせず、どちらの企業にとっても良縁としてつなぐことができてこそ、プロフェッショナルと言えます。


商談機会以外も同じです。

もう長いものに巻かれる必要はないのですから、顧問先企業から無理難題を要求されたら「今、それをやるべきではありません」「それは私にはできません」と断って構いません。

安易に引き受けて、顧問先企業のためにも自分のためにもならないようなら、どちらのＷｉｎも得られません。会社員時代は組織の論理が優先する場合が多くあったと思いますが、顧問は独立した存在です。あえて正論が言えるのも、企業が顧問に求める意味だと思います。

プロフェッショナル顧問として サラリーマン意識から脱却する

「報酬はもらって当然」ではない

前項の話にもつながりますが、プロフェッショナル顧問として活躍するには、やはりプロとしての意識の高さが求められます。

長年会社勤めをしていると、知らず知らずのうちに「サラリーマン意識」が身に付いているものです。

そのサラリーマン意識にありがちなのが「報酬はもらって当然」という考え方でしょう。

私がリクルート時代に最初に教わったのは、「交通費を使うことを当たり前だと思うな」という〝費用対効果を考え、コスト意識を持つことの大切さ〟でした。わずかな額の交通費でも会社のお金です。それは、誰かの働きによって生み出されたものです。

同じように、顧問先企業から支払ってもらう報酬は、その会社にとってとても大切なお金。それをいただいて、顧問としてどんな貢献ができるのか。そう考えていけば、自然とプロ意識は高まるはずです。

顧問は何度も言うように個人事業主です。顧問先企業と顧問は、対等なパートナーです。

顧問で活躍したいと相談してくる人に私が話しているのが、**「顧問先の社長と、立ち飲み屋のカウンターで酒をくみかわせるような間柄を築こう」**ということ。

自分の前職の会社は規模が大きいとか、はたまた、自分はそこで役付きだったとか、変なプライドを背負って顧問先に対応する人がたまにいますが、こんな態度では、顧問先企業が大事な経営課題を、胸襟《きょうきん》を開いて打ち明けてくれるはずがありません。

顧問先の会社規模が小さくても、社長が自分より年下であっても、**同じプロフェッショナルとして敬意と誠実さを忘れずに、どんなことでも率直に言い合えるようなフランクな間柄を目指す**べきです。それでこそ、建設的な関係を築くことができるのです。

自慢話・抽象的な話は避ける

顧問先企業との接し方について、もう少し話を続けましょう。

これは以前、顧問派遣会社の方から聞いた話ですが、企業に紹介しても断られがち、途中解約となりがちな顧問に共通するのは、自分の自慢話が長い人や抽象的な話ばかりする人だそうです。

企業に顧問を紹介する際に行われる、企業の担当者、派遣会社、顧問の三者面談で、派遣会社の方が、顧問を「○○さんはこんな成果を上げたんですよ」などと、過去の実績を紹介してくれることがよくあります。

そこからダラダラと、自分の自慢話を続けてしまう人が少なくないのだそうです。派遣会社は仲介している立場から、企業が知りたいと思われる情報を顧問に話してもらおうと、きっかけを振ってくれているのです。その「フリ」に対して、具体的な話を簡潔にすればよいのです。

また、面談時に抽象的な表現が多い人も、印象がよくありません。

面談の時に話が抽象的になる人は、実は自分の強みがよくわかっていないからだとも言えます。他人にはない自分のセールスポイントが何かをしっかり把握できていれば、抽象的な言い方は自然としなくなるのではないでしょうか。

ほかにも、企業が投げかけた課題に対して「選択肢はこれ一択です」という言い方をする顧問も嫌われます。

断定的に示される解決策は、その課題に真剣に取り組んできた企業にしてみれば、往々にして「そんなことは言われなくてもわかっている」といったレベルのものです。そんなふうに相手をげんなりさせないためには、いくつかの選択肢を検討した上で、「だからこの選択肢がふさわしいと思われます」と論理的に述べるべきです。

途中解約になるケースについても言及しておきましょう。

実に途中解約理由の7割が、顧問からの進捗共有がないことだそうです。これも相手のことを考えれば当然ですが、結果が出る・出ないことよりも、進捗が共有されないことのほうが、企業にとってはストレスです。

メールのレスを早く返すこと、進捗共有をマメにすること、これは顧問に限らずビジネスの世界では当たり前です。

顧問として重要なのはキャリアやスキルだけではありません。プロとしての意識がまずあってこそ、企業に求められる顧問になれるのです。

自分の強みを発見し、活躍するための「戦略」を立てよう

強みはキャリアの棚卸しから見えてくる

さて、それでは私がプロフェッショナル顧問として生きていくための「肝」だと思っている**「自分のキャリアを棚卸しする分析手法」**をお教えしましょう。

ところで、プロフェッショナル顧問として自分の何が武器になるか、皆さんは言語化できているでしょうか？

これまで培ってきたキャリアや取得している資格のうち、何が強みとなるか、自分はどんなスキルが秀でているのか。

すぐには浮かんでこないのではないでしょうか。

もちろんこれは、**皆さんのキャリアが乏しいからでも、強みを持っていないからでもありません。キャリアの「棚卸し」が十分でなく、自己分析から強みを導き出す作業ができていないからなのです。**

私自身、顧問の仕事をスタートするまでは、自分が商品になるのかどうか、漠然としていました。顧問派遣会社に自分をプッシュするうちに、自分のバリューがわかってきたのです。

これからご紹介する**「齋藤式分析ツール（Sツール）」**は、そういった自分の経験を踏まえて開発したものです。

このツールを使うと、世の中の動きや自分のまわりの状況が整理され、「やりたいこと」に対して本当に武器として使える「自分の強み」が見えてきます。

自分のバリューが明確になれば、的確に自分をアピールすることができるようになるはずです。

「齋藤式分析ツール（Sツール）」は、実は自分に対して行うだけでなく、顧問先企業の課題解決にも使える手法です。

元になっているのは、マクロ環境を知るためのフレームワークや、経営環境を俯瞰《ふかん》するためのフレームワーク。サラリーマン時代もマーケティング手法として使っていましたし、ベーシックな分析ですからご存知の方も多いと思います。それらを誰でもわかるように私なりに結合させ、アレンジしています。

それではさっそく、自分のための使い方をご説明します。

「齋藤式分析ツール（Sツール）」の手順

「齋藤式分析ツール（以下、「Sツール」と略記）」は、次の①〜⑤の手順をたどることで、自己分析やゴールを達成するための効果的な戦略を立てることができます。

①やりたいこと（ゴール）を設定する

②環境分析（3C分析の活用）を行う
③自己分析（SWOT分析の活用）を行う
④戦略を策定し優先順位づけする（クロスSWOTで戦略策定）
⑤5W1Hで戦略をアクションプランに落とし込む

順番に説明する前に、注意していただきたいことが一つあります。
この分析ツールを上手に使うためには、1回で正しい答えを導き出そうとしないこと。
①から⑤の手順は、自分自身と向き合う作業ですから、慣れないうちはなかなか難しく、行きつ戻りつするのが普通です。最初から正しい答えを書こうとするのではなく、ある程度ラフに考えながら進めるうちに、次第に自分の考えが定まってくるというのが自然です。
ですので「短時間でサッサと終わらせよう」とせずに、2時間から3時間程度、ゆっくり時間をかけて丁寧に向き合うのがおすすめです。

①やりたいこと（ゴール）を設定する

「Sツール」を使った自己分析は、達成したいゴールに対して、自分にどれだけそれを成し遂げられるバリューがあるかを俯瞰的に把握するものです。

ですから最初は、皆さんがこれからやりたいこと（ゴール）を紙に書き出してください。

一つに絞る必要はありません。分析するうちに整理されていくので、この段階では思いつくままに、いくつも書き出してみましょう。

「顧問として仕事を充実させたい」でもいいですし、もっと漠然と「健康的に生きていきたい」でも「孫と遊びたい」でも何でも構いません。

■齋藤式分析ツール（Sツール）　ステップ1

やりたいこと（ゴール）を設定する

仕事

○ 顧問になって
　企業から直接依頼されるようになる！

○ 自分の営業手法を会社の後輩に継承する！

…etc.

プライベート

○ 親兄弟・家族と楽しく暮らす

○ 健康で長生きをする

○ インプットに努め、
　趣味のフィールドを拡げる　…etc.

例えば、50歳、広告代理店で営業部長をしているBさんは、こんなゴールを設定したとします。

〈例〉

仕事

○顧問になって企業から直接依頼されるようになる！

○自分の営業手法を会社の後輩に継承する！

プライベート

○親兄弟・家族と楽しく暮らす

○健康で長生きをする

○インプットに努め、趣味のフィールドを拡げる

○より多くの社会貢献（未来を担う子供の育成）をする

②環境分析（3C分析の活用）を行う

次に行うのはゴールに対して、皆さんが置かれている環境をマクロで把握していく作業です。

ここは3C分析を使います。「3C」は、Customer（顧客・市場）、Competitor（競合他社）、Company（自社）の三つの言葉の頭文字を取ったものですが、それぞれのカテゴリーに当てはまる事象を書き出して、さまざまな角度から分析していきます。

ビジネスで市場の関係性を理解するためによく使われるフレームワークが、この3C分析です。自社がどのような経営環境に置かれているのか現状を分析し、経営課題の発見や戦略策定などに活用します。これをそのまま自己分析に活かすというわけです。

ゴールに対する現状を分析することで、思いもしなかった客観的な見方に出会えます。

Customer（顧客・市場→依頼主・今後の市場）

まず、自分のやりたいことにおいて、顧客は誰に当たるのかを考えます。自分を雇ってくれそうな人、あるいは必要としてくれる人、将来、顧客として見込める人を書いていきます。それぞれ何人くらいいて、それらの人が何を求めているのか。さらに現状や、将来どうなるのかを考えていきます。

ここではBさんのゴールのうち「顧問になって企業から直接依頼されるようになる」を例に分析してみましょう。

〈例〉

○顧問派遣会社（20社程度・今後も増える可能性あり）

○業務を通じて知り合ったさまざまな会社（キャリア30年弱を通じて500社以上の企業と協業してきた。中には10年以上にわたるお付き合いやトップと親しくしている会社も。経営課題を共有している会社もある）

○広告戦略に課題を抱える一般のＢ to Ｂ企業（業種は違っても、Ｂ to Ｂ企業であれば知見を提供できる）

Competitor（競合他社→ライバル）

二つ目は、自分のやりたいことにおいて、競合に当たる人や物、ビジネスを考えます。

例えば自分と同じようなスキルや経験を持っている人など、競合になりそうな人を想像しながら、競合の現在の状況（強みや弱み、パフォーマンス、どんなことをしているのか、など）や、その人たちは将来どうなるのかを書いていきます。

〈例〉

○顧問を目指す人の中でマーケティングに強い人（シニア世代のほか、ミドル世代も）
○マーケティング系のコンサルタント（多数存在する）
○ＡＩ技術（ある程度のところまでは、ＡＩが分析する世の中になるだろう）

Company（自社→自分）

三つ目は、自分について考えます。やりたいことに対して、どのくらいのスキルを持っているのか。Customer（顧客）、Competitor（競合他社）で分析したことを元に、自分の強みや弱みを整理していきます。また、将来的に勉強をして得ようと考えている知識・資格なども書いていきます。

〈例〉

○強み＝英語が話せる（自社の海外案件では通訳を行うことも）
○強み＝最新のマーケティング理論に精通している
○強み＝ＢtoＢ企業の広告戦略について、見識と実績がある
○弱み＝Ｗｅｂマーケティングについては、最新の理論に追いついていない
○弱み＝ときどき几帳面すぎると言われる

■齋藤式分析ツール(Sツール)　ステップ2

3C分析で現状を客観視する

ゴール

「顧問になって企業から直接依頼されるようになる！」

Customer（依頼主・今後の市場）

○顧問派遣会社（20社程度）

○業務を通じて知り合ったさまざまな会社（500社以上）

○BtoBでの広告戦略に課題を抱える企業　…etc.

Competitor（ライバル）

○顧問を目指す人の中でマーケティングに強い人

○マーケティング系のコンサルタント

○AI技術　…etc.

Company（自分）

○英語が話せる（強み）

○最新のマーケティング理論に精通している（強み）

○BtoB企業の広告戦略について、見識と実績がある（強み）

○ときどき几帳面すぎると言われる（弱み）

○Webマーケティングの最新の理論に追いついていない（弱み）

…etc.

3C分析は考える範囲が広いので、つい曖昧《あいまい》に書いてしまいがちですが、ここを曖昧にしてしまうと、後から考える戦略がブレて「ゴールのためにやるべきこと」が間違った方向に行ってしまいかねません。本書では紙幅の都合でわずかしか例を挙げていませんが、ご自分で分析される時は思いつく限りの視点を書き出してください。

そして、書き出す内容はできるだけ客観的な事実にしてください。希望的観測や思い込みを含めてはいけません。必要であれば、シンクタンクの資料や統計などを参照するのもいいでしょう。

3Cを書き出していくうちに、漠然としていたやりたいことが、実は「今やらなければいけないこと」なのだと気付かされたり、やりたいことを別に見つけたりするなど、「やりたいこと（ゴール）」の内容が変化していきます。

例えば、例に挙げた広告代理店のBさんは、ゴールとして最初は「顧問になって企業から直接依頼されるようになる」と書いていました。しかし、3C

分析をした結果、自分が某クライアントとともに取り組んだマーケティングの実践の数々は、業界でも初の試みで非常に価値のあるものだと気付きました。「これを武器に顧問になろう」と考え、ゴールを「B to B企業のマーケティング部門をサポートする顧問になる！」と書き直しました。

こういったことはよく起こります。プロフェッショナル顧問として活躍するなら、ゴールを明確にする方法はぜひ身に付けていただきたいと思います。

3Cで自分を取り巻く状況を大枠で把握することができたら、次は、それをブレイクダウンして、より深く自己分析を行っていきます。そこで使うのがSWOT分析です。

③自己分析（SWOT分析の活用）を行う

ここで使うフレームワークはSWOT分析というものです。現状の分析を行い、今後自分のやるべきことの戦略を立てるために使います。環境分析の結果を鑑《かんが》みながら、ＳＷＯＴの各欄を埋めていきます。

ＳＷＯＴ分析は、四つのカテゴリー（強み＝Strengths・弱み＝Weaknesses・機会＝Opportunities・脅威＝Threat）に分けて、分析します。３Ｃ分析で書き出した項目は、この四つのカテゴリーのどこかに当てはまるはず。一つひとつを振り分けていくイメージです。ただし、ここではそれを戦略につなげるためにさらに細かく具体的に考えていきます。

最初に考えるのは自分のやりたいことに対して、内部環境・外部環境を考えることです。

内部環境とは、ゴール達成に影響を与える自分自身の強みや弱み、能力のレベルのこと。

外部環境とは、ゴール達成に影響を与える外部の環境やインフラのこと。

そして、内部環境・外部環境にはそれぞれプラス要因とマイナス要因があります。この四つの分類が、先ほどご紹介した四つのカテゴリー（強み・弱み・機会・脅威）となるのです。

自分を取り巻く状況や、ゴール達成に影響を与える要因をさまざまな視点から考えてみましょう。

■齋藤式分析ツール（Sツール）　ステップ3

SWOT分析で3C分析をさらに深掘りする

ゴール

「B to B企業のマーケティング部門をサポートする顧問になる！」

	プラス要因	マイナス要因
内部環境	強み ○最新のマーケティング理論に精通している ○BtoB企業の広告戦略において多くの実績がある． …etc.	弱み ○IT系の知識に乏しい ○Webマーケティングに弱い …etc.
外部環境	機会 ○顧問に対する企業の期待が高まっている ○顧問派遣会社によるサービスの環境が整ってきた …etc.	脅威 ○派遣会社が顧問マーケットから撤退 ○家族の健康不具合（特に親） …etc.

なお、3C分析とSWOT分析で書き出したことは、自分以外の人に見せて客観的な意見をもらうことをおすすめします。

相手は家族でも、職場の人でも構いません。

普段の自分を知っている人に見せて、自分では気付かないうちに「きっとこうだろう」と曖昧なまま書き出していた項目や欠けている視点を指摘してもらいます。そうすることで、よりブレのない戦略を導き出すことができます。

④戦略を策定し優先順位づけする

ここまで分析したことをベースに、いよいよ戦略を策定します。

SWOT分析の四つのカテゴリーで書き出した項目を掛け合わせると、今、採用すべき戦略が見えてきます。


それぞれの戦略の方向性はこうなります。

強み×機会＝「積極化戦略」
強み×脅威＝「差別化戦略」
弱み×機会＝「弱点強化戦略」
弱み×脅威＝「防衛策」

「積極化戦略」は、内部環境も外部環境もポジティブが強い状況ですから、今が攻め時です。積極果敢にアタックする戦略です。

「差別化戦略」は、内部環境はポジティブが強い状況ですが、外部環境はネガティブが強い状況です。こういう時は、ネガティブな外部環境を凌駕《りょうが》するために、強みをさらに強化しエッジを効かせることで、差別化を図ります。

「弱点強化戦略」は、内部環境がネガティブで外部環境がポジティブです。要は、外部環境は追い風なのに、内部が弱い状況です。こういった時は、何より弱みを克服する必要があります。弱みが弱みでなくなれば、外部環境の追い風に乗って勝利することができるのです。

「防衛策」は、内部環境も外部環境もネガティブに振れている状況です。こういう時は、ひたすら守りを固めるしかありません。ことを起こすのはやめ、風向きが変わるまで雌伏の時です。

それでは、書き出した項目を見ながら、採るべき戦略を考えていきましょう。

例えば、積極化戦略を考える場合、「強み」と「機会」に書いた項目を一つずつ、つなげてみます。「最新のマーケティング理論に精通している」と「顧問に対する企業の期待が高まっている」をつなげてみると、積極化戦略として、「顧問業として独立する」が考えられます。

あるいは、「弱点強化戦略」を考えるにあたり、「ＩＴ系の知識に乏しい」と「顧問に対する企業の期待が高まっている」をつなげてみると、ＩＴ系企業が顧問先企業になる可能性も今後考えられるので、「ＩＴ業界の仕組みを理解するためのインプットに励む」が考えられます。

こうやって、四つの象限の各項目を一つひとつつないでみる。そうしているうちに、自分が今、どの戦略を採用すべきかが、見えてきます。

ここに挙げたBさんの場合は、分析した結果「積極化戦略」を採ることにしました。

内部環境も外部環境も十分に条件が揃っていること、そして、内部環境の弱点であるＩＴやＷｅｂマーケティングは勉強すれば遅れを取り戻せそうなこと、さらに、子供たちの教育費用も志望校の授業料免除制度を利用できることがわかってきたからです。

こうしてBさんは、会社を早期退職してＢtoＢ向けのマーケティング支援に携わる顧問として独立することを、目標に据えることにしました。

■齋藤式分析ツール（Sツール）　ステップ4

戦略を決定する

ゴール

「B to B企業のマーケティング部門をサポートする顧問になる！」

4つの戦略の中から選ぶ

① 強み × 機会　＝　「積極化戦略」
② 強み × 脅威　＝　「差別化戦略」
③ 弱み × 機会　＝　「弱点強化戦略」
④ 弱み × 脅威　＝　「防衛策」

選び方

SWOT分析の各象限に書いた項目を戦略別にクロスし、1つひとつつなぎ合わせ、戦略内容の具体化をして、最終的にやりたい戦略ではなく、やるべき、やれる戦略に優先順位づけする

例）「最新のマーケティング理論に精通している（内部環境 X プラス）」

と
「顧問に対する企業の期待が高まっている（外部環境 X プラス）」

をつないでみると……

「これは自分の強みだ！　しかも追い風が吹いている！」

などと、さまざまな気付きがある。

↓

そして、戦略決定！

「よし、積極化戦略で行こう！」

これまでモヤモヤしていたことが、「Sツール」を使って分析したことでクリアになり、やるべきことが見えてきました。しかし、ここで終わりではありません。

やりたいことは、「やるべきこと」を積み重ねて初めて実現します。次はこれを本当に実行に移せるように、「アクションプラン」を作ります。

⑤5W1Hで戦略をアクションプランに落とし込む

アクションプランは5W1Hに落とし込んで作っていくと、明日から自分が何をすべきか明確にすることができます。

〈例〉

「人間ドックを受診するための病院を選ぶ」

WHEN（いつやるか）→7月22日（日）夕食後
WHAT（何をやるのか）→検査項目を調べ、病院を選ぶ
WHERE（どこでやるか）→自宅で妻と相談しながら
WHY（なぜやるのか）→自分と家族の生活を守るため
WHO（誰がやるのか）→自分と妻
HOW（どのようにやるのか）→1年に一度、健康に向き合う機会ととらえて、今すべきことを特定する

このように、アクションプランは、やるべきことの一つひとつに対してつくっていきます。

なお、やるべきことには優先順位をつけることも大切です。アクションプランに落とし込んだ時に、「今これをやるのはとても無理だ」と思うものも出てくるはずです。すべてを一度にやろうとせずに、やれるものから始めていきましょう。

今やれる、今やるべき優先度の高いアクションプランから実行していくうちに、ステージが上がって、過去に「とても無理」と思っていたこともできる状況に変わっていきます。

なお、自分を取り巻く状況は常に変化をしていきますから、ＳＷＯＴ分析及びアクションプランは半年に１回、早ければ３ヶ月に１回くらいのペースで見直すことが大切です。

■齋藤式分析ツール（Sツール）　ステップ5

アクションプランに落とし込む

ゴール

「B to B企業のマーケティング部門をサポートする顧問になる！」

アクション	顧問派遣会社を研究する	人間ドックを受診するための病院を選ぶ	職務経歴書を作成する	TOEICを受検する
WHEN		7月22日（日）夕食後		
WHAT		検査項目を調べ、病院を選ぶ		
WHERE		自宅で妻と相談しながら		
WHY		自分と家族の生活を守るため		
WHO		自分と妻		
HOW		1年に1度、健康に向き合う機会ととらえて、今すべきことを特定する		

自分のマーケットバリューを高め続けるために

分析結果でわかった「強み」をアピールに活かす

ご紹介した「Sツール」によって、自分がどんな強みを持っているか、かなり整理できたのではないでしょうか。

この自己分析を経た後に顧問派遣会社の登録情報を書き込み、派遣会社との面談を行えば、担当者は具体的な顧問案件とのマッチングをイメージしやすくなりますから、案件を紹介しやすくなります。

なお、登録の際は顧問派遣会社専用のフォーマットを利用するだけでなく、自分の強みを紹介する資料を新たに作ってもいいでしょう。実際にそうして自分を売り込んでいる顧問もたくさんいます。

ぜひ「Sツール」を活用して、効果的にアピールしてください。

足りないものは、自己研鑽し続ける

また、逆に顧問として求められているもので自分に足りないものも見えてきたはずです。それはこれから自己研鑽を積んで、自分を高めていきましょう。

マーケットはどんどん進化していますから、その中で求められた結果を出すには、自分の持つスキルを磨き続け、時には新たなスキルを身に付け携われるフィールドを増やす必要があります。

そのためにも必要な情報をインプットし続けることも大切ですし、ネットワークを広げ続けることも大切です。

特にネットワークに関しては、派遣会社がとても重視しています。

○○社の取締役とネットワークがあると言いながらも、実際には「過去に名刺交換をしたことがある」くらいの間柄であれば、そのネットワークを仕事につなげることは難しいでしょう。

自分のネットワークがやりたいことに対してどのくらいバリューがあるのかも、自己分析を通して見えてくるはずです。

ネットワークが弱いと判断をするのであれば、ネットワークを深めておく、また広げておく努力も必要です。

交流会などを通して新しいネットワークを構築することもできます。さらには知り合いから別の担当者を紹介してもらうことでも、ネットワークは広がるのです。

私は、成長することは楽しいことだと思います。

ぜひ「Sツール」を活用して、自分を高め続けてください。

4章

プロフェッショナル顧問の仕事術

企業の課題解決に「Sツール」を活用しよう

企業の「やりたいこと」と「今、やるべきこと」を見極める

ここからは、プロフェッショナル顧問を目指す人のために、顧問先で役立つ具体的なノウハウをお伝えしていきます。

まず、企業には今困っている「課題」があり、顧問はそれを解決していくことになるわけですが、3章で紹介した「Sツール」は、どんな企業の課題解決にも威力を発揮します。

ここで皆さんに知っておいていただきたいことがあります。

それは、企業の「やりたいこと」が、必ずしも「今やるべきことではない」ということです。

「課題を解決するのが顧問の仕事なのに、いったいどういうこと？」と思われるかもしれません。

私も最初はそのことに気が付かず、企業のやりたいことを叶《かな》えようと全力で取り組んでいました。

例えば「業界最大手の○○社とつながりたい」という要望があれば、それを実現させることが顧問のやるべきことだと思っていたのです。私はつてをたどり、その企業との商談をセッティングしました。しかし、多くの場合、商談はその場限りの挨拶で終わってしまい、継続的な取引につながらないのです。

なぜうまくいかないのだろうと考えてみると、答えはとてもシンプルでした。それは、**企業の「やりたいこと」を叶えるには、その企業がそれに見合ったステージに上がっている必要があるということでした。**

例えば、業界最大手の会社と継続的にお付き合いをするには、資金調達力、社員のスキルなど自社にもそれに見合った体力が最低限必要です。それが伴っていなければ、関係は長続きしません。

そのことに気付くことができたのは、先にご紹介した分析を経たからです。ときどき、顧問を迎えた企業から「顧問を使ってみたけれど、思ったほどの効果が上がらなかった」「顧問といっても大したことはないんだな」といった声を聞くことがあります。

これだけ聞くと、その企業を担当した顧問のスキルが低かったのかと思ってしまいますが、必ずしもそうとは限りません。

派遣会社にしても、企業が「A社とつながりたい」という要望を出していれば、A社とつながりがある、またはA社出身の顧問をマッチングするでしょう。ところが顧問を通じて企業がA社とつながりができたとしても、企業にとっては単に名刺を交わしてつながっただけ。取引が成立しなかった。あるいは成立してもすぐに切られてしまった。企業のステージがA社とつりあわなければ、そんな事態に陥りがちなのです。

企業にとっては顧問料を半年から1年間も払い続け、それが回収できずに終わってしまうわけですから不満が募ります。

そうなると、顧問の契約も更新されません。

誰にとっても後味の悪い結果となってしまうのです。

段階的なアプローチを提案することが大切

現在、私は顧問の案件を受けたら、**まず「Sツール」を使い、企業の「やりたいこと」がそのまま実現できるものなのか、今は無理だけれど段階的にならば実現できそうなのか、見極める作業を必ず行うようにしています。**

何度もの苦い経験から、企業の要望通りに動いても、企業がそのステージにない限り、真の課題解決にならないと気付いたからです。

企業が「やりたいこと」ではなく、「今、やるべきこと」をあぶり出すことが、顧問の大事な役割です。

今、何に取り組むべきなのか、地道に一つひとつ階段を登っていくことが大切です。

そもそも地道なことが得意な人はあまりいません。それは企業も同じです。進んで地道な解決方法を選ぼうとはしません。

けれど、それこそが大切なのだと理解してもらう必要があるのです。そのためにも、私は分析を行って視点合わせをし、戦略をしっかりと練り、顧問先企業に段階的にやりたいことを叶えるための進め方を丁寧に説明します。そして、企業と共有をした上で顧問活動をスタートするようにしているのです。

最近は派遣会社も企業の「やりたいこと」よりも「今、やるべきこと」を優先させることが大切だと考える担当者が増え、顧問のマッチングも変わってきたように感じます。実際に、企業側からも以前のような不満を聞くことが少なくなっているようです。

例えば、ある印刷会社でこんな相談を受けたことがあります。

「業績が落ちているため、紙の需要の多い出版社やカレンダーや名刺、また販促ツールをたくさん使うような勢いのある会社と付き合いたい。そういったところと取引ができれば、また盛り返せるはず。そういう会社を紹介してほしい」

印刷業に限らずそのように考えるところはたくさんあります。

けれど、私はあえて違った方向も考えてみます。そのためにも、まず次のような考えで環境分析を進めていきます。

Customer（顧客・市場）→紙の需要がどんどん減っている。紙に印刷されていたものが、どんどんＷｅｂに置き換えられたりしている。過去10年のマーケット規模がどうなっているのか。

Competitor（競合他社）→ライバルは最近どんなところと付き合っているのか。あるいは最近どういう新しい取り組みをしているのか。

Company（自社）→売り上げがどういう推移になっているか。これまではメイン事業だった紙の印刷は売り上げが半分以下になっている。自社の社員はどんなノウハウ、スキルを持っているのか。

こうやって分析していく中で、街の中には、看板がたくさんある。その需要がまったく落ちていないことがあぶり出されました。そこで看板の印刷の需要を取りに行く提案をしました。

また、社内にはＷｅｂデザインができる人材、Ｗｅｂ制作に対するリテラシーの高い人材が何人もいました。それならば、紙からＷｅｂにシフトしていきましょうという提案もできる。まず、そこから会社のことを知ってもらい、その上で紙の印刷にもつなげられる可能性があります。

このように企業のつながりたいところを、自分のネットワークを駆使して叶えるのではなく、まず丁寧に分析することで、状況を整理し企業の強みをあぶり出し、戦略を考えるのです。

自社の分析は、社員の本音をつかむ

企業の課題に対して顧問は、その企業の「今、やるべきこと」をあぶり出すことが重要だと述べました。それと同時に押さえておきたいのが、企業内部の本音です。

企業の抱える課題には、経営者が把握していない従業員の本音が隠れていることがあるのです。

これは顧問になりたての頃に関わっていた制作会社で実感したことなのですが、この会社は、主に映画の中でアニメーションが入る場面の映像制作やゲームの映像を作っていました。稼ぎ頭はパチンコやパチスロのアニメーション映像です。

依頼を受けた時には「離職率が高くスタッフが定着しない。スタッフのモチベーションを高めるためにも、もっとギャランティが高い仕事をいただけるところを紹介してほしい」という要望でした。

しかし、「Sツール」で環境分析を行うと、営業上の問題は見当たりませんでした。

仕事は順調に回っているし、スタッフのキャパシティを超える仕事量かというとそうでもありません。会社として利益も出ています。では離職率が高いのは何が原因だろうと、私はスタッフ全員と面談をすることにしました。

すると、スタッフからは「戦隊モノのアニメーションがやりたい」「アメコミ（アメリカの漫画）の仕事をしたい」という声が出てきたのです。

面談を通して見えてきたのは、スタッフのモチベーションはギャランティの高さではなく、仕事の中身だったということ。

私はその後も定期的にスタッフと面談をするようにし、ギャランティの高い低いよりも、スタッフのやりたいことが実現できるようなところから手をつけていきました。

環境分析では、経営者だけではなく、現場の声もヒアリングすることが大切です。

「外部」の環境分析は、競合や顧客の調査を徹底して行いますが、自社という「内部」の環境分析は、経営者だけでなく現場の本音をつかんだ上で行うべきだということを、ぜひ覚えておいてください。

顧問事例①「Sツール」で営業戦略を策定

ここからは、私が過去に顧問として携わった案件をいくつかご紹介していきます。

私が企業の課題に対してどのように分析を行い、解決をしていったのかを書いていきます。「Sツール」以外にも、日常的に使っているツールがあり、その使い方にも触れていますので、プロフェッショナル顧問の仕事術の参考にしてください。

「脅威」が顕在化する前に、効果的な営業戦略を探る

主に、法人向けにＷｅｂを通じて印刷サービスを行うＡ社。私が長く顧問として携わっていた企業です。

Ａ社の業績は順調に推移していますが、ペーパーレス化や少子化により名刺印刷の需要が減る可能性や、配送料の値上げなど確実に脅威となる要素が存在していました。

そこで私が提案したのが、中長期営業戦略としてのアクションプランです。ここでは、実際にアクションプランを構築するために行った、Ａ社の３Ｃ分析とＳＷＯＴ分析をご紹介します。

３章では分析ツールを使い、自分のゴール達成のための自己分析と戦略策定の方法を見ていただきましたが、本章では、実際に私が企業に対して「Ｓツー

ル」でどのように戦略を策定したのかをお伝えします。ちょっと細かくなりますが、どうぞ理解を深めてください。

3C分析を活用した環境分析

Customer（顧客・市場）

〈**規模**〉従業員数100名以上の企業が1万社以上ある。対象エリアは関西・関東・中部

〈**成長性**〉SP（セールスプロモーション。パンフレットやポップなど、販売促進のためのツール）含め成長性あり

〈**ニーズ**〉Webでコストダウンしたい需要は今後も安定して見込める

〈**購買行動**〉担当部門が展示会・Webなどで情報収集・紹介も増えている

〈**構造変化**〉名刺がなくなる可能性・ネット印刷需要増・購買連携増、需要マッチングサービス（Amazon Business など）の登場

Competitor（競合他社）

〈寡占度〉わずか（独自性が強いため、競合占有はほとんど意識しない）
〈参入難易度〉高い（仕組みを持っても導入が困難）
〈価格競争〉競争はあるが柔軟に対応可能・それでも利益率は高い
〈競争相手〉5社

Company（自社）

〈シェア〉Ｗｅｂ受注率国内ナンバーワンクラス
〈ブランド〉業界内のみで認知・マス認知はできていない
〈技術力〉高い。投資もしている（昨年対比減価償却費２００％）
〈販売力〉売り上げ昨年対比１００％前後。もっと機会はある＋５％

ＳＷＯＴ分析を活用した企業分析（１５６ページの図も参照）

強み（Strengths）

○原価率低め
○完全内製（システム構築→出荷まで）
○カスタマーセンターがある（対応の質が高いと評価）
○購買システムとの連携に前向き
○導入実績数千社以上
○各社の状況に合わせた対応が可能（システム・運用・納品など）

ｅｔｃ……

弱み（Weaknesses）

○取引価格に柔軟性がない（格安は不可）
○購買連携の拡販には前向きだが実績ができていない

○ネームバリューがない
○営業人数が少ない
○社内連携が不十分
○広報活動が不足している

etc……

機会（Opportunities）

○顧問として齋藤を活用
○Ｗｅｂサイトからのさらなるインバウンド
○外部テレアポ・展示会のさらなる活用
○さらなる購買連携での拡販代理店紹介（商社・事務商品）促進、
手数料は対上代15％以下
○既存クライアントからの紹介促進

etc……

脅威（Threat）

○大手企業が同様のＷｅｂシステムを持ち業界参入
○名刺のデジタル化（名刺不要の時代になること）
○競合他社と大手企業や購買サイトとが連携すること
○大手の内製化
○競合他社の利便性（納期・機能）が強化されること

ｅｔｃ……

■印刷サービス会社のSWOT分析(例)

	プラス	マイナス
内部環境	強み ○ 各社の状況に合わせた対応が可能（システム・運用・納品など） ○ 名刺以外（SPなど）の対応が可能 ○ 東京都内生産による関東エリアでの機動力の高さ …etc.	弱み ○ 広報活動の不足 ○ 既存クライアントに対する水平アプローチができていない ○ 顧客情報の管理活用ができていない ＝社内情報共有ツールの活用が不十分 ○ 新規販路開拓ノウハウがない …etc.
外部環境	機会 ○ 既存クライアントからの紹介促進 ○ 地方印刷企業減少に伴う地方需要増 ○ 働き方改革による業務効率改善によるWeb 発注機会増 ○ コスト削減切り口での訴求強化 ○ 他部署クライアントの紹介促進 …etc.	脅威 ○ 購買連携先の印刷会社設立 ○ 配送料の値上げ（年間コスト 20% 増） ○ 少子化による労働人口減少＝名刺需要減 ○ 特例印刷会社（大手企業のグループ会社）による名刺印刷業務対応の増加 …etc.

※本文中 P153 ～ P155 に挙げた事項と重複するものは割愛

戦略策定

分析を終えたら、ここからは中長期営業戦略を具体的に導き出すための作業となります。

ＳＷＯＴをクロスさせて戦略を考える時、忘れてはならないのは、企業にとっては強み・弱み・機会・脅威、いずれも非常に重視されるべきだということです。例えば脅威の一つひとつが企業にとっては非常に怖いものですし、強みはほかの何にも代え難い財産です。一つひとつの項目をおろそかにせずに掛け合わせ、戦略を導き出します。

●「積極化戦略」（強み ×機会）

実績・柔軟性・対応力を背景にしたＰＵＳＨ戦略（※）

「強み」にある訴求ポイントを使い、「機会」で挙げたＷｅｂ、展示会、外部アポイント会社、代理店、購買連携プレイヤー、顧問などを活用して、訴求・

集客につなげる。

※積極的な情報発信や営業をかけること

●「差別化戦略」（強み × 脅威）

実績と総合力・対応力・機動力を訴求したPUSH戦略

脅威要因が現実的に迫っている中、早急にこれまでの実績と強みとなるアセット（資産）を訴求した社内での連携強化、顧客へのPRなど、各方面へのプッシュが必要。

●「弱点強化戦略」（弱み × 機会）

ブランド・リソースがない中での外部・Web活用戦略

ブランドがない、リソースがないという弱点を、予算をかけずに効率的に強化する。今持ち得ているWeb（またはランディングページ活用）、既存クライアント、顧問、予定されている展示会など、使えるものはすべて使う。

●「防衛策」（弱み × 脅威）

既存取引先&条件確保のための満足度向上戦略

大手企業の参入や競合のサービス向上といった脅威が顕在化する前に、既存顧客に対する課題抽出と深耕営業（※）を強化する。配送料アップによる便乗値上げと顧客に誤解されないよう、業者と配送条件の交渉を行う。

※既存の顧客との関係性を深め、新たなニーズを探る、取引を増やすといった営業のこと

以上がA社で私が提示した戦略です。社内では、分析結果と戦略を丁寧に説明して共有します。納得感のある戦略は、相手の腑に落ちると、その後5W1Hに落とし込んだアクションプランに確信を持って取り組むことができるようになります。現在、A社はこれらの戦略のすべてを採用し、戦略に基づいて作成したアクションプランに則して、営業活動を順調に進めています。

顧問事例② 海外化粧品メーカーでの差別化戦略

日本製をアピールするため、日本のアニメとコラボした商品を開発

中国が本社の化粧品メーカーB社は、日本製の10代～20代向けの化粧品を中国で販売している会社です。２００９年に創業し、売り上げは２０００億円を超えています。

もともと中国で日本製の化粧品を低価格で販売するというビジネスモデルは同社が始めたことなのですが、近年、似たようなビジネスモデルの会社が乱立し、差別化が図れなくなっていることが課題でした。

B社では、それまでも抹茶や温泉など、日本ならではの素材を化粧品にプラスして販売したことはあったのですが、それらも他社に追随され、店頭では同

じような商品が並ぶ百花繚乱《りょうらん》の状態でした。

こういった状況を解決するために、私は中国でも人気のある日本のアニメ作品とのコラボレーションを提案しました。

たくさんの競合がいる中で、日本製であるエッジを際立たせるなら、日本のアニメーションがいいと考えたのです。

私は「Sツール」の環境分析から戦略策定を行った結果、中国でも女性ファンが多いあるアニメに目をつけました。その作品は中国も舞台として登場しています。このアニメ作品のキャラクターとB社の化粧品をコーディネートするのがいいと考えたのです。


通常、日本のアニメのライセンスはそう簡単には取れません。選定したアニメ作品のライセンサー（ライセンスの持ち主）にとっても、中国とビジネスをするのは初めてのことでしたし、B社もコラボ商品は初めての試みでした。

私は交渉の仲介役となり、ライセンサーからの条件や要望をかみ砕いてB

社に提示し、B社から提示される問題をライセンサーに伝えました。その結果、ライセンサーの窓口である前職時代の元上司の方の強い後押しもいただき、3ヶ月で契約をまとめることができました。これは日本のアニメ業界でのライセンス取得慣習においてはありえないスピードです。

B社には、ライセンサーが不安視していた、ライセンシーは「権利を守らなければならない」という意識を強く持たせ、社内で権利関係が守られているかをチェックする事業部も立ち上げてもらいました。

B社の社長は、私が主宰するプロフェッショナル顧問育成塾にもゲストとしてお越しくださり、この当時の感想を次のように話してくださいました。

「ライセンス契約は時間がかかるものですが、齋藤顧問がライセンサーの会長さんを紹介してくれ、会長自ら今回のコラボ商品化に尽力してもらえたことで、わずか3ヶ月で契約ができました。このスピード感は中国向けの市場で今の時代にとても強みになりました。

齋藤顧問に交渉やアポイントなど細かなところまでサポートしてもらったからこそ、うまくいったと思っています。実は中国市場はライセンスの意識がまだ薄く複雑ですから、コラボ商品化が実現した後も、いろいろ予測しなかったトラブルもありました。そこにも丁寧に対応し、解決することができました。

今後も高級感のある新商品の開発、ほかのキャラクターとのコラボ商品化、新たな販路としてデパートへの展開、オンラインの売り上げアップなど、齋藤顧問の知見やノウハウ、ネットワークをもとにぜひサポートしてほしいと思います。齋藤さんとは何でもやれると思っていますので、期待しています」

このコラボ商品の発売後も、私は継続して同社の顧問をしています。化粧品はリピート商品なので、今後は、いかにB社のファンをつくっていくかが課題になるでしょう。

企業と顧問の関わり方においては、ある特定の分野に特化した顧問を迎え、別の目標ができればまたそこに合う顧問にチェンジするという方法もあります。

しかし、B社の場合は、何かやりたいことや問題があった時に顧問である私に何でも相談ができる、全体的なサポートをしてもらえることが魅力だと感じていただけたようです。

顧問事例③「法人カルテ」を使って営業意識改革

得意先の情報を社内全体で共有し、セールスに活かす

企業の抱える問題でよくあるのが、長く取引をしている得意先の変化を十分にとらえられなくなってしまうことです。

印刷業を営むC社は、かつては得意先企業も多かったものの、次第に得意先

のいくつかが離れ、業績が落ち込んでいました。意識も行動も変えていかなければならないのですが、キャリアの長い営業マンほどなかなか変わることができず、会社全体が停滞しているという悩みを抱えていました。

ところで、どんな会社の営業マンも、キャリアがあるほど、付き合いの長い得意先のことを何となくわかっているような気がしてしまうものです。すでに需要が変わっているのにその変化を見逃してしまい、得意先が「これは知っていて当然」と考える情報が把握できず、相手に小さな不満を少しずつ溜めさせてしまっていることがあります。営業担当者が自分の会社の状況をよくわかった上で提案しているのか、わからないまま「何となく」で提案しているのかは、得意先にはすぐにわかるものです。

この企業の顧問になった私は、企業に「法人カルテ」を導入しました。

法人カルテとは、得意先の基本情報はもとより、裁量権を持つメンバーのプロフィール、得意先が抱える顧客の傾向、得意先から担当者がヒアリングした内容も含め得意先をさまざまな角度から分析する資料です。時には社長の誕生日や趣味などプライベートな情報まで記載します。医者が患者のカルテを作るように、得意先のカルテを作るのです。

私は普段から営業課題を抱える顧問先企業には、主要な取引先のカルテを作ってもらうようにしています。

法人カルテを見れば、いつでも、誰でも、得意先のことを共有することができます。大企業、特に外資系企業のほとんどでは法人カルテを作っています(企業によっては「ファクトブック」と呼ぶこともあります)が、中小企業ではそこまでしているところが少ないのです。

しかし、どんな規模の会社であっても、本来得意先の情報は資産であり社内で共有されるべきものです。

法人カルテのフレーム

法人カルテは企業ごとにアレンジしながら作りますが、大枠としては次のようにしています。

1 全体概要

業界における得意先のシェアが他社に比べて何%かなど、客観的なデータを記載します。また、業界や競合他社の動向などを鑑み、今後予測される状況も入れておきます。

2 会社プロフィール

得意先の所在地や資本金、事業内容などの基本情報や、創業からの主な歴史（発売商品や売り上げなど）や、ビジョンやミッション、戦略を記載します。

3 裁量権を持つ人物のプロフィール

得意先の組織図を載せ、取締役や役員、主要意思決定者のプロフィールや連絡先を記載します。

4 ビジネスモデル

得意先がターゲットとしている消費者層や、市場展開、仕入れの構造やプロセスについて記載します。

5 SWOT分析

自社から見た得意先のSWOT分析と、得意先から見た自社のSWOT分析を掲載します。

法人カルテを作ったら担当者が全社員にプレゼン

C社では法人カルテを20～30社分作成しました。そして、その得意先を担当する営業マンから全社員にプレゼンしてもらいました。

会社にとっては大事なクライアントですから、情報は担当者だけでなく全社員が知っているべきだと考えるからです。

例えば法人カルテを共有した会社から電話がかかってきた時に、他部署の人間であっても社名を聞いて、「この会社は、確か課題は○○で、うちの会社では今○○に関わっていたな」と思えることは、実はすごく大きなことです。

そして、その会社の状況を社員全員が知っていれば、営業マンをさまざまなかたちでバックアップすることもできます。

最強のセールスは相手が知っていることを、こちらも当たり前に知っていることです。しかも、そこで相手の期待以上の対応をされれば、心が動くのは人間の心理として当然ではないでしょうか。


C社はその後も情報をアップデートしながら法人カルテを活用しています。

法人カルテは会社の資産として残っていきますから、担当者が変わった時の引き継ぎ作業を効率よく行えるというメリットもあります。

法人カルテを導入しさまざまな情報を持った結果、営業マンの意識が変わり、いち早く得意先のニーズをつかめ、営業スキルが大幅にアップしたと大変喜ばれました。

顧問事例④ ギャップの穴埋めで売上目標を達成

肌感覚だった戦略に、マーケティングの手法を持ち込む

創業80年の中堅メーカーD社では、商品依存度が高く、営業力が弱いという悩みを抱えていました。定番商品を扱い、ずっと売り上げは横ばい。新商品も出していますが、その新商品の良し悪しで売り上げが左右されるという不安定な要因もありました。

私が顧問としてD社に来て最初に取り組んだのが、マーケティングのレベル向上でした。

販売戦略が「肌感覚」で行われているところがあったので、マーケティング部のメンバーにマーケティングの手法をレクチャーすることから始めました。

私自身、このメーカーが属する業界の顧問は初めてでしたが、商材は違ってもマーケティングの手法は変わらないので、競合商品やターゲットの分析などを一つひとつ伝えていきました。

今ではD社ではマーケティングを前提に戦略を考えることが当たり前になりました。商品の販売目標数やプロモーションなどに明確な根拠があると、別の部署のメンバーも腑に落ちるので、社内がまとまり、以前よりもバックアップがスムーズになったように感じます。

ギャップチャートで営業のプランづくりをサポート

また、D社では営業の目標達成のためのバックアップも行いましたが、そこには、ギャップチャート（私は「目標いっちゃうシート」と呼んでいます）というツールを利用しました。これは、目標額と現状の実績を含めた見込み数字とのギャップを穴埋めするためのアクションプランづくりのためのシートです。

左ページのグラフがギャップチャートの例です。実際には各月の売上とその累計も表示しますが、ここではわかりやすいように略しています。

例えば、ある営業マンの年間売上目標額が1000万円（①）とします。しかし、今月までの売上累計と今後の売上予定を合わせても700万円（②の■）しか見込めないという場合、目標に対して300万円のギャップ（②の□）が生じます。営業マンには、それを穴埋めするためのギャッププラン（③〜⑤の■）を出してもらいます。

プランAの受注見込み額は250万円（③の■）、Bは150万円（④の■）、Cは50万円（⑤の■）だったとして、それぞれ受注できる確率も設定していきます。

例えばプランAは80％の確率で受注できる、Bは50％、Cは20％などと受注確率をパーセンテージ化するのです。

この例でいくと、プランAとプランCを組み合わせることでギャップを100％埋めることができる見込みプラン（⑥の■）が持てたことになりま

■ギャップチャートとギャッププラン

〈ギャップチャート例〉

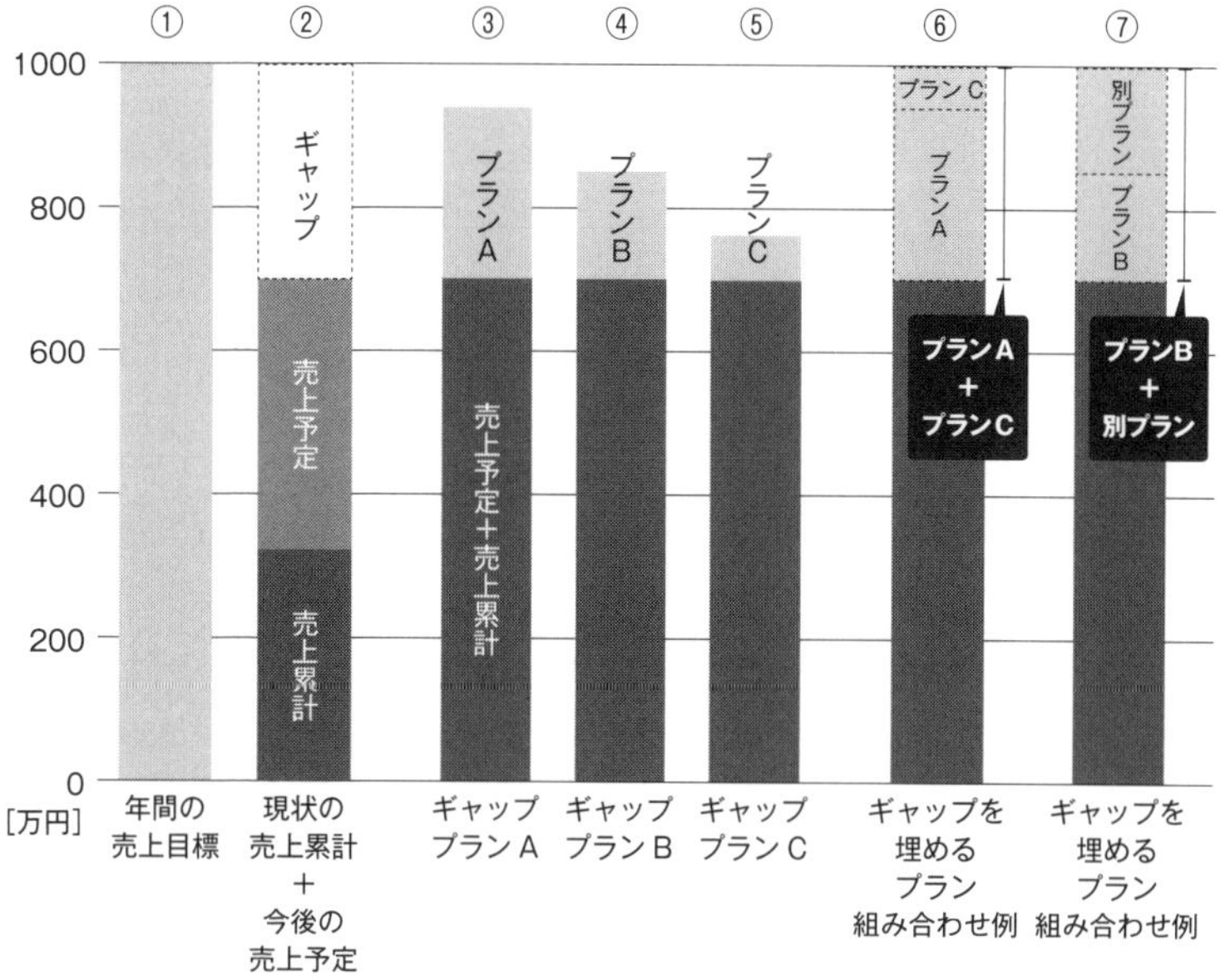

〈ギャッププラン〉※プランCの場合

Action	Amount	WHEN	WHAT	WHERE	WHY	WHO	HOW
A社●●店新商品定番売り場用販促ツールを受注する	50万円	2018/3/18	デザイン入りの……	A社●●店	店頭販促物が……	A社鈴木様	実物ダミー・見積・売場展開例すべてをセットにして、初回から現実味のあるプレゼンをする
商品名 ※もともと売上計画に組み込まれている案件は記入しない！	想定受注金額	いつまでに ※必ず日付を入れる！	何を	どこで	なぜ	誰に	どうやって

毎月、月次処理後は直ちに［ギャップチャート］と［ギャッププラン］の更新作業をしましょう。

す。プランＢを実行する場合は、あと１５０万円分の不足が出ますから、別の１５０万円分のプラン（⑦の░）が必要です。ギャップを埋めるためには、受注確率の高いもの、低いものを含め、常に複数のプランを一緒に考えておく必要があります。

　そして、これらのプランは、20％の可能性であろうと、実現させなければ目標は達成できません。

　そこで、「Ｓツール」でやったように５Ｗ１Ｈで、各ギャッププランの受注確率を１００％にどう近づけるのか、アクションプラン化させるのです（１７３ページの下図はその一例）。

　１００％を達成して初めて営業は認められます。目標達成するために必要なプランを常に持ち行動を起こしていかなければならないことを、５Ｗ１Ｈで見える化し、意識に刷り込ませ行動させる必要があるのです。

　Ｄ社の売り上げは、私が携わった当初から、２倍以上に伸びています。

企業面談では「180days Action Plan」を提示しよう

契約前に、半年間の関わり方を提示

私が顧問として携わった企業4社の事例をご紹介してきましたが、このほかにも、これまでの6年間で延べ140社もの企業とお付き合いをさせていただきました。現在も30社を超える企業と顧問契約を継続しています。

なぜこのようにたくさんの企業にお付き合いいただけるようになったのかを改めて考えてみました。一つは顧問契約の前段階で行う企業面談の際に、「私が顧問になったら」という前提のもと、**向こう半年間の関わり方を大枠で提示**していることが大きいのではないかと思っています。

これを私は「180days Action Plan」と名付けています。これからどのように自分が関わり、課題を解決していこうと考えているかを4ページほどの資料で示す、提案書のようなものです。

これを提示すれば、飛躍的に契約が取れるようになるツールです。その内容をご紹介しますので、ぜひ皆さんも作成してみてください。

企業から信頼が得られ、長期契約につながる

多くの場合、面談で初めて企業の担当者と会うので、「180days Action Plan」を作るのは課題について直接ヒアリングする前の情報が元になります。

しかし、それでもこの「180days Action Plan」で企業の現状と課題を自分なりに咀嚼《そしゃく》し共有することはとても重要です。もちろん齟齬《そご》があればその場で確認ができますし、何より相手にとっては「この人はウチのことをよく考えてくれているな」という信頼につながり、その後の仕事もとてもやりやすくなるのです。

例えば、あるデザイン会社では、新規事業プロジェクトとして、お祝い共同購入サービスの企画が立ち上がっていました。その開拓したいターゲットが正しいのか、戦略から一緒に考えてもらえる顧問として、私に声がかかりました。

私はこの話を受けて、さっそく「180days Action Plan」を作成しました。資料には、顧問派遣会社から聞いていた企業の現状と課題を書き出し、私が解決すべき課題を端的にまとめます（179ページの図も参照）。

このデザイン会社の場合は「新規販路開拓のための包括的営業支援」とし、向こう半年間のステップを次の太字のように記載しました。

社内外環境分析→ポジショニング・ターゲティング→営業戦略／資料作成→商談→フォロー

次に、課題解決の方向性を示します。

ここで、「Sツール」による自己分析が役立ちます。自分には顧問としてどんな強みがあり、課題解決にどんなキャリアが役立つのかを明確にするのです。

私がよく書いているのは、次の内容です。

○エンターテインメント業界（映画・音楽・ゲームなど）のキャリアが長く、営業とマーケティング業務に精通している

○キャリアを通じて培った多くの川下・川上のネットワークを持っている

○現在もマネジメント、現場担当マネージャークラスとの幅広いネットワークがある

○退職後も楽天などエンタメ関連企業の顧問・アドバイザーに就任したため、前職業界とのネットワーク先とは今も関係が深い

○「社団法人プロフェッショナル顧問協会」の理事長でもあるため、会員・理事のネットワークの利用も可能である

■180days Action Planの例

株式会社 齋藤商会（仮） 御中

180days Action Plan

現状と課題

☑エンジニアを軸に人材派遣、受託開発、アプリ開発なども行う
☑設立3年目。今期売上は昨年対比360%アップを見込み
☑営業顧問を活用し、受託開発／人材派遣における新規クライアント先（SI企業）の開拓を効率的かつ垂直的に行いたい

課題解決

新規販路開拓のための包括的営業支援

社内外環境分析→ポジショニング・ターゲティング→……

課題解決の方向性

☑私は新卒でリクルート、その後ソニーでエンタテインメントの……
………プロ顧問になって6年、これまでさまざまな業界のスタートアップ企業の課題解決をサポートさせていただいてきました。
☑ソニー退職後は楽天株式会社などの顧問・アドバイザーに…………
☑…………

基本つながれない企業様はありません。ただし、ネットワーク先のご紹介は可能ですが、現状の貴社が置かれている環境及び商品を外部と内部で分析をさせていただいた上で、…………………クロージングまでの、セールスの一連の活動をサポートいたします。

課題解決ための半年間のアクションプラン

活動内容

月の稼働日（2回の場合）
●前月末までに活動内容のご了承をいただきます。
●活動の報告は電話/メールにて適宜行います。

180days Plan
（&目指すGOAL）

■ STEP1（2018年07月01日−07月末日）
●社内外環境把握→営業戦略策定/提案書作成

■ STEP2（2018年08月01日−12月末日）
●戦略策定に基づき実行開始
●ターゲット企業先との商談

そして私のネットワーク先の紹介については、顧問としてその会社の環境分析を行った上で、あくまで「その会社が開拓したいターゲット」ではなく、「開拓することが可能な、開拓すべき先」をターゲティングすることを記載します。

そして、ターゲティングした会社に対しては、商談調整からフォロー、クロージングまでの一連の活動をサポートする旨を書き添えます。

以前は、「180days Action Plan」に自分が紹介できる具体的な会社名も記載していたのですが、企業の「やりたいこと」をその通りに実現するのが必ずしも本当の意味で課題解決にはならないということを学んでからは、「まずは環境分析を行う」ことを明記しています。

そして、「180days Action Plan」の最後のページは、半年間の大まかなアクションプランを書きます。

このデザイン会社の場合は、最初の1ヶ月で、社内外の環境分析を行い、営業戦略を策定し、提案書を作成。残りの5ヶ月で、策定した戦略に基づいた実行と、ターゲットと定めた会社との商談を実施するプランを提示しました。

このような資料を作って面談に臨む人はあまりいないようで、「180days Action Plan」を出すと先方に驚かれることもあります。けれど、私にすれば、履歴書と過去の実績だけでは、先方は私が何をしてくれるか何もわからないと思うのです。

自分が課題解決に向けてどのように貢献できるのかを、少しでも伝えるために、このように準備を徹底する努力は必要だと考えています。しかも、事前に課題を共有することで、企業と（顧問派遣会社と）顧問の目線が同じになり、満足度の高いパートナーシップを築くことができるのです。

5章

信頼される
セルフブランディングの方法

自分の「ブランド化」は、仕事の充実度に直結

プロフェッショナル顧問として高い意識を持って経験と実績を積んでいくと、だんだん顧問派遣会社を通さず直接企業に携わる機会も増えていきます。

その段階に来れば、顧問としてのセルフブランディングも大切な仕事になってきます。顧問は組織に所属しない個人事業主ですから、プロモーションを自分で行い、認知度を上げていく必要があるのです。

自分をブランド化することは仕事の充実度にも直結すると言って過言ではありません。ここからは、私も心がけているセルフブランディングのポイントをお伝えしていきます。

プロとしてふさわしい身だしなみは、爪の先まで意識を

まず大切なのが、身だしなみです。

もちろん顧問としてのスキルも重要ですが、外見はどうしても人の印象を左右するものです。プロとしての「美意識」を持つことは、相手に対する気配りという観点からもとても大切なことです。

私は清潔感を保つために爪も磨くようにしていますし、なるべく太らないようにと摂生も心がけています。

そして仕事に対する姿勢は、服装と態度に表れます。

私は服装にもいつも気を配っています。その日に会う相手の姿や行く場所を思い浮かべ、ふさわしい服を選ぶようにしていますし、香水は相手の好みに合わない可能性があるのでつけません。

顧問は、初対面の人に胸襟を開いてもらい、一緒になって課題に取り組んで

いく仕事です。

プロとして、相手に好印象を与える身だしなみとはどんなものなのか、ぜひ皆さんも考えてください。たかが外見で、と思われるかもしれませんが、見かけは大切です。

SNSは集客ツール。「AIDMA」を意識して発信

セルフブランディングのためには、SNSをしたり、自分のWebサイトを持ち、自ら情報を発信したりすることも非常に重要です。また、これらは相手からのメッセージを受け取れる受け皿にもなります。私自身、SNSを通じて仕事を打診されることもあり、今や欠かせないツールとなっています。

SNSを利用するメリットは何と言っても手軽であること、そして経費がかからないことです。

Twitter、Facebook、Instagramなどがありますが、私が主に活用しているの

はFacebookです。

Facebookは言わば「顔の見えるＳＮＳ」。

友人が投稿する内容は、毎日全員分チェックして「いいね」を押しています。私のFacebook上の友達は２０００名ほどいますから、すべてを見るには3、4時間ほどかかることもあります。

なぜそこまでして投稿をチェックするのかと思われるかもしれませんが、やはりそれをするだけの価値はあるのです。

普段は会えない友達や知り合いでも、Facebookでつながっていることによって、関係はより深くなっている感覚がありますし、この関係が私の仕事のネットワークにもなっていくので大切にしたいのです。

また、自分が投稿する内容は、仕事で訪れた先の写真やランチの写真、会食で会った友人の写真など、一見するとごく普通の使い方のように見えるのですが、実は私なりに意識していることがあります。

それは、ＡＩＤＭＡ（アイドマ）を実践する内容にすることです。

ＡＩＤＭＡとは、Attention（注意）、Interest（関心）、Desire（欲求）、Memory（記憶）、Action（行動）の頭文字を取ったもので、消費者がものを購入するまでのプロセスを説明するものです。

自分を顧問という商品として、ＡＩＤＭＡに基づいて考えると、まず自分を知ってもらい（Attention）、関心を持っていただき（Interest）、使ってみたいと思ってもらい（Desire）、記憶してもらい（Memory）、そして需要が顕在化した時に連絡をもらう＝購入してもらう（Action）というプロセスになります。

これをFacebookにどう反映するかというと、私の投稿を読んだ人に、「この人は頼りになりそうだな」と思ってもらえるよう、どんな人と付き合いがあるのか、どんなところに行っているのかを見せるようにしています。直接仕事のことを書くわけにはいきませんが、どんな仕事に携わっているかを匂わせて、間接的に伝えることもできます。

また、私は「いいね」の数が１００を超えた時の投稿をチェックして傾向を探っています。経験上、「食事」「教育」「文化」「健康」の四つのテーマについて投稿する時は反応がよいようです。それらも考慮して投稿内容を考えるようにしています。

実は私はFacebookで投稿する内容は2週間先まで決めています。スケジュールを見て、1週間後の会食が入っている日にはこんな投稿をしようと、事前に下書きをしておくこともあります。

空いている時間に文章を書いて、投稿するまでに何度も推敲《すいこう》をしています。そして、1週間分は投稿をストックしておくのです。

実際にFacebookのメッセンジャーを通して仕事の依頼が舞い込むこともありますから、効果は確実に出ていると感じます。

SNSは日々の小さな積み重ねですが、そこから自分の信頼を増やしていくこともできるのです。反応がダイレクトに返って来ますから、ぜひ楽しみながらチャレンジしてほしいと思います。

本の出版は活動の裏付けに

セルフブランディングの一環として、自分が著者となり本を出版するのもとても効果的な方法です。世間的に活動の裏付けになりますし、安心や信頼を得やすくなるというメリットがあります。今回、たまたま私はご縁をいただいて本書を出版する機会を得ましたが、おかげで自分のノウハウを整理するよいチャンスになりました。

かつては出版といっても簡単にできるものではありませんでした。けれど、今は例えば電子出版であれば、Amazonや楽天などで誰でも安価に出版をすることが可能です。

また資金力があれば、自費出版という手もあります。今は自費出版を手がける企業も多数存在しますから、興味のある方は調べてみるとよいでしょう。

顧問として、人や社会と「信頼」でつながるために

居心地のよいコミュニティをつくる

顧問は一人で顧問先企業の課題と向き合い、解決にあたる職業です。もちろん取り組みは顧問先企業の担当部署のメンバーと一緒に行いますが、顧問という立場としては、基本的には一人です。

だからこそ、人とのつながりを大切にしてほしいと思います。

仕事のために人脈を広げておくことも必要ですし、自分では対処しきれない問題にぶつかった時に、人の知恵を借りることで出口が見つかることもあるのです。

私は顧問として独立間もない頃、やはり人脈を広げようと有名な異業種交流会を含め、多様な交流会に参加していた時期があります。けれど、そういった場所では利己的な方を多く見かけ、どうも馴染《なじ》むことができませんでした。

そこで、自分と同じベクトルの人たちとのコミュニティをつくる必要性を感じ、自ら懇親会を毎月主宰するようになりました。かれこれ2年以上続いています。

顧問として知り合った経営者の方を中心に、あらゆる職種の方が懇親会に参加してくださり、皆さんとても楽しんでいらっしゃるようです。

これまでで延べ700人くらいが参加していますが、私の会では一つだけ絶対的な決まりごとがあります。それは、懇親会で営業活動をしないこと。もちろん、例えば名刺交換をして、SNSでつながって、人間関係を築いたその延長線上にビジネスがあるのは構いませんし、実際にコミュニティを通じて大きなビジネスに発展したケースもあります。

しかし、最初から営業目的で来る人が増えれば、コミュニティの方向性がブレていきます。あくまで純粋に人と人がつながる場としてのコミュニティづくりを、これからも続けていきたいと思っているのです。

プロフェッショナル顧問は「他利」の精神で、相手に尽くす

ここまで、顧問になるための方法と、顧問としてのあり方をお伝えしてきました。最後に、私がプロフェッショナル顧問として活動を続けるために最も大切だと考えていることをお伝えします。

それは「他利」の精神です。

これは、相手の立場を慮る、まず相手の利益を考えるという心です。一般的には「利他」という言葉を使いますが、私は利益の「利」が前に出る「利他」よりも、相手を意味する「他」を先に置く重要性を意識して「他利」としています。

自分の利益を前面に出そうとする利己的な人は、顧問という職業には向いていません。

私はサラリーマン時代から、ビジネスに必要なのは、この「他利」の精神だと思ってきました。そう考えるようになったのは、私がＳＯＮＹに在籍していた頃の出来事がきっかけです。

当時私は、ある印刷会社にイベントで配布するポケットティッシュの制作をお願いしていました。

イベント当日に会場まで直接納品してもらうようになっていたのですが、実はその日、ティッシュを配るアルバイトが思うように雇えず、イベント担当の社員自らが慌ただしくティッシュを配っていました。すると、納品に来た印刷会社の営業部長さんが、当然のように会場でティッシュ配りを手伝ってくれたのです。

納品さえすれば印刷会社の仕事は終わりです。一緒にティッシュを配る義務はまったくありません。けれど、人手が足りずに困っていることに気が付いた部長さんは、一緒になって配ってくれたのです。

当時、私たちからその印刷会社に発注している印刷物の売り上げは10万円くらいのものでした。その印刷会社にとって、私たちは特別大きなクライアントだったわけではありません。けれど、こちらの困っている状況を見て、何のためらいもなく助けてくれた。他利の精神による対応だったと思います。

私はその一件ですっかりその営業部長さんを信頼しました。ほんの些細《ささい》なことですが、そこまでしてくれる業者さんにそれまで出会ったことがなかったのです。

その出来事から3年後には、こちらからその印刷会社への発注金額は億単位になっていました。

私はこんなに相手の立場に立ってくれる人となら、もっと一緒にビジネスをしたいと思ったのです。実際に、その会社は営業部長さんだけでなく、若い社員にまで相手の立場に立つ姿勢が浸透していて、本当にいい会社でした。

結果を出すことのできるのがプロフェッショナル顧問の条件だと書きましたが、プロフェッショナル顧問に必要なものはそれだけではありません。

他利の精神で相手の立ち位置に立てることがとても大切なのです。それは相手に対する「愛」があるかどうかと言ってもいいでしょう。

今私が派遣会社を通じた契約だけでなく、多くの企業と直接契約ができているのは、他利の精神を忘れずに働いてきたからだと思っています。

「他利」であることが、意図せずとも、結果的には最も有効なセルフブランディングになっているということを、ぜひ皆さんには知っておいてほしいと思います。

終章

顧問が未来を変える

日本を元気に。人生を豊かにする顧問という仕事

同じ顧問先企業と何年もお付き合いしていると、顧問になった当初は考えられないほど事業規模が大きくなり、自分が関わる仕事もダイナミックに変化していることがあります。

関西にある不動産会社の顧問となった5年前、最初に依頼されたのは、直接集客できる自社Ｗｅｂメディアを作って、ＳＮＳも活用して検索順位を向上させコンバージョン率（ＥＣサイトやＷｅｂ広告で用いられるＷｅｂ版効果測定方法の一つで、成約率のこと）を上げることでした。

結果Ｗｅｂを経由した売り上げが飛躍的に伸び、2年後にはミッション完遂したのですが、その後も私は経営サポートに携わり、その会社は今では福岡・名古屋・関東の複数の同業企業をＭ＆Ａで取り込み、さらには複数の新事業に

まで多角化をしています。私も最近は採用案件や会社のブランディングなど会社経営全般にも携わるようになりました。

これは、顧問としての醍醐味です。顧問を起用したことで、課題解決が進み、その結果、企業が大きく成長する。あるいは、傾いていた経営が持ち直す。自分が貢献することで企業のステージが上がり、顧問として求められる役割も変わっていく。これは、社員の皆さんの働きがいや給料にも影響する重要な役割です。

自分が長年全力で培ってきた知見や経験が、誰かのためになることを実感できる顧問という仕事を、私は心から誇りに思っています。

プロフェッショナル顧問の普及のため、非営利の協会を設立

私は、プロフェッショナル顧問の存在が確立され、活躍の場が増えることで、日本の企業や社会がよい方向に変わっていくと信じています。

この顧問業の裾野を広げるため、２０１７年に非営利の顧問団体「プロフェッショナル顧問協会」を設立しました。

協会はプロフェッショナル顧問として活躍できる人材を育成し、活躍している方々のコミュニティの場となることを目指しています。

私はＳＯＮＹを退社後、最初は何もわからないところから顧問業界を開拓してきたのですが、自分に足りないものや不安に思うことはまわりの人がサポートしてくれました。そこに対して大変感謝しており、今度は自分でサポートし合える組織をつくりたいと思ったのです。

顧問派遣会社に登録したけれど、なかなかチャンスがないという方にも、この協会を通して顧問が活躍している様子に触れられれば「こんなふうに顧問として携われるんだ」と、意識を変えるヒントになると思っています。

また、企業側に対しても、活躍している顧問の姿を見せることで、自社でも活用してみようと思うきっかけになると考えています。

顧問先企業との付き合いが長くなると、次第に当初は予想もしなかった分野でサポートを求められることがあります。当然、自分のスキルではカバーできない案件もあるかと思います。

そんな時には、一人ですべてを解決しようとするのではなく、人の力を借りることが大切です。このプロフェッショナル顧問協会も、会員同士でサポートし合えるかたちにしています。

人によって知見や経験の豊富な分野とそうではない分野があるのは当然です。目的はあくまで顧問先企業の課題に対し、結果を出すことです。横のつながりで知見を補い合い、企業に貢献していきたいと考えています。

顧問塾が登竜門に

さらに、２０１７年は「プロフェッショナル顧問協会」だけでなく、私が主宰者となり、顧問として活躍できる人材を育成するための「顧問塾」も立ち上げました。

私がこれまで培った顧問としてのノウハウを詰め込み、顧問になるための登竜門のような、予備校に近い役割を果たすことを目指しています。

塾生には3ヶ月間で5回の講座を受講していただきます。一方通行で私が話すのではなく、毎回ワークショップを行う実践型の塾です。顧問派遣会社の事業責任者の方が講師として話してくれる回やスタイリストが顧問としての身だしなみをアドバイスしてくれる回、また顧問を採用している企業の社長にゲスト講演していただく回もあり、実践に即した講座内容だと高い評価をいただいています。

顧問塾は、一期生が卒業されたばかりですが、とても満足度の高い学びの場になったと卒業した方から感想をいただきました。

一期生には60代の定年世代の方が多くいらっしゃいます。中には、私がかつて顧問として携わっていた企業の社長さんも来てくださいました。顧問のノウハウを学んで、自社の経営や課題解決に役立てたいと、意欲的に学ばれていいました。

このように、今後は顧問として活動しながらも、顧問塾やプロフェッショナル顧問協会の運営を通して、顧問という働き方、生き方を世の中に広めていきたいと思っています。

顧問になって、人生を充実させる

ところで、突然ではありますが、成功の反対は何だと思いますか？

多くの人が「失敗」と答えるかもしれませんが、私はそうではないと思います。成功の反対は、何もやらないことです。やらなければ、物事は何も変わらず「失敗」もありません。

やりたいことをゴールに、やるべきことを見据え、一歩を踏み出すことで、人生のステージは上がっていくものだと思います。

本書は、キャリアをお金に変える新しい働き方として、顧問という仕事を紹介してきました。

企業に他者が関わることで、それまで解決できなかった問題の出口が見える。そして現実がダイナミックに変わる。それは人と人が関わり合うことの、とても豊かな側面であると思います。

そして、組織にぶら下がることなく独立し、他利の精神のもと企業課題を解決しようとする人が増えることで、日本はもっと元気になれると思います。

あなたにとって真に豊かな人生とはどんな生き方でしょうか。

ぜひ顧問として、一歩を踏み出してほしいと思います。

附章　顧問の本音を大公開！

現役顧問特別座談会

顧問として活躍する今住 誉文さん、佐竹 聡さん、
小寺 岳さんをお招きして行った座談会。
顧問として働いて実感したことや顧問として
結果を出す秘訣など、顧問の本音を語り合いました。

今住 誉文　いまずみ・よしふみ（52歳）

23年間勤めた大手不動産会社を退職後、顧問ビジネスに携わる。2013年に中小・ベンチャー企業の経営支援に取り組む組合を設立。顧問紹介サービス「顧問百科」を運営する一方、顧問としても活躍。

佐竹 聡　さたけ・さとし（52歳）

大手電機メーカーでシステムエンジニアリングを経験後、エンターテインメント業界に転職。2015年に約20年間勤めた大手ゲーム会社を退職し、顧問として独立。現在は十数社の顧問先企業に関わる。

小寺 岳　こでら・がく（49歳）

ＳＯＮＹの金融子会社で、法人向けリース営業に従事。2017年秋に独立して、顧問に。経営課題を解決するための資金調達提案や人材確保を得意とする。

「人の役に立ちたい」と顧問を志す人が増えている

齋藤　本日お集まりいただいた3人の中で、最近、顧問になられたのが小寺さんですね。

小寺　私はいわゆる「顔役」を求められる従来型の顧問は知っていましたが、実務顧問の存在は意識していませんでした。ただ、歳とともに誰かの役に立ちたいという気持ちが強くなっていて、特に中小企業の役に立ちたいという思いが高まっていました。もともと50歳のタイミングで今の会社に区切りをつけ、次のステージに行きたいと考えていたので、Facebookでつながっていた齋藤さんや佐竹さんの活躍に「へえ、そういう生き方があるんだ」と感じていました。それで本格的に顧問になる道を考えるようになったのです。お二人とは前職でも面識があったのですが、特に齋藤さんには顧問になるにあたっていろいろと相談にも乗っていただきました。

齋藤　小寺さんはアウトドアがお好きなのですよね。第2の人生はアウトドアに関連することをしたいとも思っていらした。ただ、お子さんがまだ小さく収入が必要です。それなら今までやってきたことを活かして顧問をやってみては？　と話をしました。小寺さんはSONY時代に一緒に仕事をしたこともありますが、すごく性格がよくて、人見知りをしないし、人に可愛がられるところがある。それは顧問をやる上では最も大切な資質だと思うのです。だから小寺さんはきっと向いていると思いました。

今住さんは、ご自身が顧問でもある一方、顧問を企業に紹介する立場でもあります。実際に私が顧問として働き始めて間もない頃には、仕事を紹介していただいた恩人です。

今住　齋藤さんは44歳で顧問になられていて、最初はまずその年齢に驚きましたね。顧問はだいたい平均年齢が65歳くらいですから、何かのスパイかと思ったほど（笑）。けれど経歴を拝見すると、エンターテインメント業界でバリバりと活躍していらした。私は不動産業界という、どちらかというと堅い世界を歩んできたのでまわりに齋藤さんのような人がいなくて、ぜひ齋藤さんを売り込みたいと思ったのです。

齋藤　私は顧問としてはかなり若いほうでしたよね。

今住　政府が「働き方改革」を掲げていますが、年齢は関係ないのだと実感しています。組織に属さなくても、スキルを身に付けている個人が「連合軍」をつくれば、やりたい仕事を続けることができる時代になっているのですね。

齋藤　今住さんは顧問として活躍するには、何が必要だと思われますか？

今住　やはり人のつながりですね。それが一番強い。人とのつながりがある方は人柄もよいということ。それぞれの業界で求められるスキルがいろいろとありますが、いずれも人とのつながりの中から仕事が生まれてきます。

佐竹　私は今住さんの「顧問百科」にも登録していますが、顧問紹介の業界にいらして変化は感じますか？

今住　これまでは、顧問の存在が知られていなかったせいか、あまりよく思われていませんでした。昔は成功事例も少なかったですからね。けれど、先ほど小寺さんが「誰かの役に立ちたい」とおっしゃいましたが、そのように世の中のために貢献したいという志を持った人が増えてきたのを感じます。そして、そうした人が活躍できるフィールドが少しずつ広がり始めていると思いますね。

齋藤　もちろん収入も大事なのですが、顧問の仕事は金銭とは別に、社会奉仕・社会貢献的価値が得られます。

小寺　サラリーマンはいつも同じ同僚、上司、部下の中で働きます。違う場所で働くことは刺激にもなりますよね。会社にずっといると、「ここまで来たのだから、このまま定年まで安定した収入を得よう」という選択をする人もいます。そういう人からすれば、「なんで辞めるんだ?」となるでしょうけれど。

齋藤　この仕事のよいところは、携わるさまざまな規模・業種の企業や人からさまざまなインプットをいただけることです。またその結果、携わるフィールドもどんどん広がっていきます。勤めていた会社が小さくても、高卒でも、その道一筋で何年もやっていれば、人に教えられるものはあるものです。まずは自分の棚卸しをして、市場価値に対して戦略を立てる。〝自分の強みや差別化できるものをより研鑽したり弱点を強化したりしてまわりに役立つことができるスキルを身に付けられるか〟にかかっていると思うのです。

顧問は社長の「パートナー」になること

今住　顧問先企業は顧問と初対面ですから「この人は何者だろう」というところからスタートします。だから私は初対面でも打ち解けられる雰囲気をつくることが大切だと思っています。私の名刺は地名がポイントなのですが、出生地、育った場所、本籍地など４ヶ所くらいの地名を入れているのです。すると名刺を見た人は「親戚がここに住んでいる」「知り合いが」など、会話のきっかけになります。

小寺　地名は確かにそうですね。私はバイクが趣味で、沖縄以外は日本中バイクで走っています。ヒッチハイクでも全国に行っていて、「この場所は知っています」と言うだけで、話が広がったりします。

齋藤　共通項があるのは大きいですね。自分から相手の話に食いついていくのは大変ですが、自分の話に興味を持ってくれたら話も広がりやすい。

今住　私はよく、顧問登録をした方と面談後などに、そのまま立ち飲みに連れて行ってしまうことがあります。私の会社が担当している顧問先企業は、30〜40代の社長のベンチャー企業も多いですから、一緒に立ち飲み屋でざっくばらんに話ができるかどうかは大切なポイントなのです。いかに年下と腹を割って話せるかが、キャリアを積んでこられた顧問の方には必要だと思っています。それができれば顧問という仕事も楽しめるはずです。「どこの会社の役員だったか」「どんな実績があるか」より、誰と仕事をするかということのほうが顧問先にとっては重要なのです。

齋藤　私の知っている限りでは、顧問で偉そうにしている人はうまくいきませんね。以前、ある顧問先のメンバーとミーティングをしていた時に、部長が私を「先生」と呼んだことがあるのです。それで私はすぐに「やめてください」と言いました。顧問と顧問先企業は一緒に課題に向かう「パートナー」です。上下なんてありません。

今住　顧問は「先生」になる必要はないですね。「パートナー」になって、一緒に悩めるかどうかです。出世した人だから顧問として優秀というわけでもありません。

結果を出す顧問、信頼される顧問とは？

佐竹　私が2年ほど顧問として活動して思ったのは、そもそも顧問派遣会社の営業さんが完璧に企業の課題を理解しているかというと、必ずしもそうではないということです。20代新卒の営業の方もいますし、ある特定の業界で専門用語が混じった課題に対しては、どうしても細かなところまでは把握できないのだなと感じます。

今住　長年、顧問紹介の営業をやってきて、感覚でわかる部分はあるのですが、いざ専門的な技術や研究のことを第三者に説明するとなると、なかなか難しいですね。

齋藤　私はこの本でも紹介したのですが、企業と面談を行う時には、向こう半年間の関わり方を大枠で提示する「180days Action Plan」を作っておくんです。それがあると課題解決のプロセスの共有にとても役立ちます。

佐竹　顧問になる時に、その「180days Action Plan」の手法を齋藤さんに教えてもらいましたが、事前に課題を共有することはとても意味がありますし、面談でのアドバンテージになりますね。

齋藤　企業の課題を把握した上で、自分に何ができるかがビジュアル化されているので、自信を持って面談に臨めますし、相手先にもそれが伝わります。私は普段から企業との面談の前には、顧問派遣会社と事前に「180days Action Plan」を共有し、「今回の面談はこういうストーリーで行きましょう」とメールで打ち合わせをしておきます。面談でのゴールイメージを、まず顧問と顧問派遣会社が共有する。そして仲間としてゴールを決めに行くのですね。企業の方も課題解決までのイメージが描きやすくなりますから、話もまとまりやすくなります。さらに、説明をするうちに相手から「これはできますか？　これはどうですか？」と話が広がることもよくあります。

今住　佐竹さんは、面談の時にオリジナルのプロフィールをパワーポイントで作っていますよね。

佐竹　私は自分の中では「強みシート」と呼んでいます。私は履歴書も職務経歴書も持たず、この強みシートと齋藤さんに教わった「180days Action Plan」だけで面談に臨みますね。プロフィールに前職の部署名を書いても、会社によって呼び名が違うこともありますから伝わらない場合がある。「業務部」と言っても具体的に何をしていたかは伝わりません。だからパワーポイント5枚くらいに「やってきたこと」「人脈」「できること」「自分の強み」「退職後にやってきたこと」をまとめています。

今住　そういうシートを見ると、同じ業界を経験していなくても、「この人、有望だなぁ」とこちらもワクワクするのですよ。

佐竹　私は実は顧問になる前の会社員時代、有名なゲーム機のビジネスに長く関わっていたので、その経歴が顧問として有利に働くと思っていたのです。けれど、顧問活動を開始して思ったのは、実は中小企業は、過去の仕事が有名かどうかは求めていない。最終的には何ができるかが武器なのです。よくあるのが、「前の会社はこうで」と言うと、「それは大手だからできたのだろう」と返されてしまう。それよりも、自分の強みが何か、そして顧問先企業が目指しているビジョン実現のために必要な解決策はこうだ、と具体的に言えることのほうが大事なのですね。

齋藤　求められているのは顧問先企業で望まれる以上の結果を出すことですからね。

顧問の持つ他利の姿勢で、世の中をよくする

齋藤　佐竹さんは以前、「顧問として活動して、他利って大事だと実感した」と言っていましたね。

佐竹　はい。他利はこれからの人生のベースにしたいと思っていることでもあります。実は齋藤さんには、私が会社を辞める1年前くらいから、顧問として独立することについてアドバイスをもらっていました。「180days Action Plan」の具体的な手法まで親身に教えてもらっていました。どうしてそんなことまで教えてくれるのだろうと思ったのですが、「利己的なのは嫌いだ、みんなの役に立ったほうがいいじゃないか」とおっしゃったのです。自分の知識をいろんな人に教える、多くの人がそうすれば日本の経済は強くなるのだと。今、日本社会はどこか汲々《きゅうきゅう》としているけれど、他利に生きる人が増えればもっとこの社

会はよくなるなとその時に思ったのです。

齋藤　日本は島国ですし、もともと「おもてなし」の文化は当たり前でした。だから日本でビジネスをするなら、そういう気持ちがなければうまくいきません。英語で「ギブ・アンド・テイク」という言葉もありますが、日本は「テイク」より「ギブ」が強い。ビジネスもその思いを持っているべきだと思うのです。

今住　確かに、私も立ち上げたばかりの頃はお金の不安のほうが大きかったと思います。けれど、実は「ギブ」を強くして仕事をしたほうがうまくいくと思うようになりました。

齋藤　佐竹さんの相談に乗った時もやはり頼られたことがうれしかったし、役に立つなら喜んで自分の知見を提供しようと思いました。頼ってもらったり、仲間だったりすることが、自分の人生では大切なのです。

小寺　実は私は、社長に「ノー」を言えるのが顧問だと思っていたことがあります。けれどそれは違うと齋藤さんに言われました。「夢の実現をサポートするのが顧問だ」と。なるほどな、と思いました。相手の目線に立ち、先を見ている。相手への他利があるから、気持ちも引き締まる。相手目線になることが、顧問の仕事なのかなと思いますね。

（２０１７年12月26日　神楽坂にて収録）

おわりに

「うちは自立フェーズに入りました。またお声がけするかもしれませんが、いったん私たちだけでやらせてください」

これは2年ほど顧問として携わらせていただいた、リクルートグループの会社役員から言われた言葉です。

この言葉をもって、私はこの会社の顧問を卒業することになりました。

おそらく一生忘れることのない、本当にうれしい瞬間でした。

私を社会人として最初に鍛えてくれた会社は、リクルートです。そこから30年近く経って、リクルートのグループ企業の課題の解決に、顧問として貢献することができました。そして「齋藤顧問のおかげで、自立フェーズに入りました」と言ってもらえたのです。

少しは恩返しができたように思い、とても感慨深いものがありました。

顧問である私にとっての一番のやりがいは、携わった企業が成長すること。そして、その企業に顧問が必要なくなることです。

「ありがとうございます」と言われて辞める時が、最も幸せな瞬間です。この仕事に就けてよかったと心から思えます。

本書でもお伝えしてきた通り、顧問マーケットは今、急速に拡大しています。そんな中で、企業から「顧問を使ってもうまくいかなかった」「高い報酬を払わされた」といった声もちらほらと聞こえてきます。

顧問業界は成長期であるがゆえに、さまざまな人や会社が乱立し、提供する顧問サービスに一定のレベルの質を確保できていないのも一因かもしれません。

だからこそ、私は結果にこだわり、「他利」の精神で企業に貢献することのできるプロフェッショナル顧問という働き方を広めていかなければならないと考えています。

本書を読んだ方が、プロフェッショナル顧問のあり方を知り、自分のキャリアを活かしたセカンドライフの働き方を考えるきっかけとしてくだされば幸いです。

最後までお読みくださり、ありがとうございました。

2018年6月

プロフェッショナル顧問® 齋藤利勝

齋藤利勝

さいとう・としかつ

一般社団法人プロフェッショナル顧問®協会
代表理事

株式会社 STeam　代表取締役社長

1968年生まれ。大学卒業後に株式会社リクルートへ入社。その後転職し、ソニー株式会社の映画・ゲーム・音楽子会社を経て、2012年独立。楽天株式会社やUUUM株式会社などの顧問・アドバイザーを務めるかたわら、大学院で経営などを学び直す。現在、顧問を務めた企業は140社を超える。2016年、3社以上の企業推薦を受けた人財のみが入会できる「一般社団法人プロフェッショナル顧問®協会」を設立、代表理事に就任。同協会では、「顧問塾」をはじめ、教育プログラムやセミナーを展開し、顧問業界の発展に貢献をしている。

●一般社団法人プロフェショナル顧問® 協会 HP
http://professional-komon.org

●株式会社 STeam HP
http://s-team.co.jp

「プロフェッショナル顧問」は、
一般社団法人プロフェッショナル顧問®協会の登録商標です。

装幀・デザイン　鈴木正道（Suzuki Design）
DTP　上野秀司
編集協力　梅田梓
編集　染谷ヒロコ（atopicsite）
株式会社スターダイバー
企画協力　高橋秀樹

あなたのキャリアをお金《かね》に変《か》える！
～「顧問《こもん》」という新《あたら》しい働《はたら》き方《かた》～

2018年6月30日　第1刷発行

著　者　齋藤利勝《さいとうとしかつ》
発行者　茨木政彦
発行所　株式会社 集英社
〒101-8050 東京都千代田区一ツ橋 2-5-10
編集部 ☎ 03-3230-6068
読者係 ☎ 03-3230-6080
販売部 ☎ 03-3230-6393（書店専用）
印刷所　凸版印刷株式会社
製本所　ナショナル製本協同組合

ISBN978-4-08-786098-6 C0034